武汉大学自主科研项目（人文社会科学）
（项目编号：413000081）研究成果

中央高校基本科研业务费专项资金资助项目成果

中国和西语国家社会经济发展比较研究

严炜 著

武汉大学出版社
WUHAN UNIVERSITY PRESS

图书在版编目(CIP)数据

中国和西语国家社会经济发展比较研究/严炜著.—武汉：武汉大学出版社,2023.9

ISBN 978-7-307-23960-9

Ⅰ.中…　Ⅱ.严…　Ⅲ.①经济史—比较研究—中国、外国　②社会发展史—比较研究—中国、外国　Ⅳ.①F119　②K02

中国国家版本馆 CIP 数据核字(2023)第 170468 号

责任编辑:李晶晶　　　责任校对:汪欣怡　　　版式设计:马　佳

出版发行：**武汉大学出版社**　(430072　武昌　珞珈山)

(电子邮箱：cbs22@ whu.edu.cn　网址：www.wdp. com.cn)

印刷:武汉邮科印务有限公司

开本:720×1000　1/16　印张:8.75　字数:128 千字　插页:1

版次:2023 年 9 月第 1 版　　2023 年 9 月第 1 次印刷

ISBN 978-7-307-23960-9　　定价:45.00 元

前　言

同为发展中国家和新兴经济体的中国和大部分西语国家在近几十年经历了经济的腾飞，无论是社会发展、经济水平，还是生态建设、科技创新都得到了前所未有的提升。中国和西语国家，尤其是拉美国家，这两个世界上相距最遥远的庞大经济体，在社会经济发展过程中有很多相似之处和相异之处。本书旨在对中国和西语国家的社会经济发展做一个较为全面的介绍，从发展模式、消除贫困、绿色发展、金融体系、国家间的合作等方面对这两个经济体进行分析，以期获得具有广泛意义的结论和可资借鉴的经验。

本书总共由五章构成。第一章为发展模式，第二章为消除贫困，第三章为绿色发展，第四章为金融体系，第五章为中国与西语国家的合作。

第一章发展模式：中国和西语国家从20世纪70年代后期开始经历了深刻的蜕变和改革：中国开始了改革开放、西班牙进入了民主转型、拉美国家则即将进入外向型经济发展阶段。时间上不约而同，但发展模式却大相径庭。本章在各重要时间节点上对中国和拉美国家的社会经济发展模式和成效进行分析和比较，探讨不同的发展模式在不同时期体现出的优势、劣势和可持续性。

第二章消除贫困：脱贫攻坚是中国“十三五”期间的重要目标之一。脱贫也是拉美各国政府一直以来亟待解决的问题。中国和拉美国家同样面临着经济发展不平衡、地区和阶层差距悬殊等状况。对于大部分拉美国家来说，贫困人口虽年年下降，但实现全面脱贫依然任重道远。本章对中国和拉美国家进行对比，分析两地的脱贫政策，尤其是分析两地在就业、收入、税收、社会福利等方面的政策异同，以了解这些政策对减少贫困人口产生的效用。同时，将贫困人口的数量和变化与各国在各时期的整体宏观经济进行比较和分析。

第三章绿色发展：绿色经济是以市场为导向、以传统产业经济为基础、以经济与环境的和谐为目标而发展起来的一种新的经济形式。绿色经济对自然资源丰富、人口众多的中国和拉美国家尤其重要。在经历了长期以破坏生态平衡、大量消耗能源和资源的传统产业经济后，中国和拉美国家都已意识到了绿色经济和可持续发展的重要性。本章分析了中国和拉美国家在绿色经济上采取的政策及其效果，对重点政策和措施进行分析，探讨在不同国家背景和发展阶段下产生优良效果的绿色发展政策。

第四章金融体系：中国和西语国家的金融体系在近几十年都经历了深刻的变革。作为各国的命脉部门之一，金融系统的变革深刻影响着民众的生活和公司的运营。本章着眼于中国和拉美国家在金融系统中各自的特点和优势，从行业改革、发展前景等方面阐述各自面临的机遇和挑战，同时，着重分析了拉美国家和中国的普惠金融政策及其影响。

第五章中国与西语国家的合作：近几十年来，中国与西语国家特别是拉美国家的交流日益增多，多边关系稳固发展。中国同西语国家在经济、文化、外交等方面的合作不断加深。西语国家特别是拉美国家积极参与中国的“一带一路”倡议，这为世界上这两个距离遥远的庞大经济体带来无限的合作可能。

严炜

2023年3月

目　　录

第一章　发展模式

第一节　拉美国家的发展模式

拉丁美洲各国从上个世纪初到现在，在不同的社会背景下，经历了多个发展模式。发展模式的选择取决于一个国家如何合理配置其资源，以实现社会进步，并满足所有社会成员的需要。发展模式的选择还需要与该国的历史、文化、经济水平、政治体制等要素相匹配。大多数拉美国家在近几十年中都实施了促进工业进步的国内发展政策，例如：兴建大型水电项目和道路系统等基础设施、提供各类生产补贴、实施拉丁美洲经济一体化、同时对第三方国家采取保护主义。由于拉美各国普遍存在严重的贫富分化和不平等，且民粹主义在多数国家占有重要地位，因此，相关的发展计划还包括再分配等政策，以促进人民在卫生和教育等方面享有更公平的待遇。拉美各国政府对实现其发展目标最重要的举措之一是经济和区域一体化，并建立相关机制，加快工业现代化，改善贸易条件，从而促进经济增长。在这方面，区域一体化普遍被认为是有助于拉丁美洲发展的一个因素。

拉美各国在过去的几十年中主要经历了进口替代模式和新自由主义模式这两大发展模式。

一、进口替代模式

20 世纪上半叶，特别是在两次世界大战结束后，拉美国家赖以生存的初级产品贸易条件发生恶化，外部失衡，危机频发，通货膨胀，经济严重衰退。为了走出经济萧条、推动工业化，各国通过了一项以发展经济为主要目标的战略，旨在提高自主权，从而建立并完善内生资本的积累基础。在此进程中，工业成为了资本积累过程的核心。在拉美历史上，经济的重要性首次被提高到了国家发展战略层面。20 世纪 30 年代的大萧条和两次世界大战不仅为进口替代创造了有利条件，而且还涉及深刻的政治和社会变革，诞生了新的权力集团，从而使大规模的工业化成为可能。新的权力集团包括新兴的工业资产阶级和从新的发展模式中受益的广大民众。

拉美的进口替代模式经历了两个主要阶段：第一阶段，结构主义者将其定义为简单替代，该阶段在 20 世纪 50 年代中期结束；第二阶段，即所谓的困难替代，该阶段在 1982 年外债危机时结束。

第一阶段对应于严格意义上的进口替代，即以国内制造业取代进口。具体指的是使用相对简单的生产技术生产纺织品、食品、饮料等非耐用消费品。在最初严格限制进口的背景下，替代的需求客观来说是合理的。货币的贬值和各国政府在经济危机中采取的财政政策促进了替代进程。随着替代比例的逐步增大，工业化带来的收入增长起到了积极作用，从而推动了进口替代的进程，使得进口比率在第一阶段大幅下降。

然而，出口继续依赖初级产品，而进口继续依赖制成品，中间产品和资本产品的购买与最终消费品的购买相比变得愈发重要。由于进口比率较低，在此阶段贸易发生失衡也是正常的。另一方面，国际收支的财政要求很低，这既是由于国内投资在所有投资中占主导地位使得外国直接投资减少，也是由于需要偿还的外债数额较小。在开启这一模式之前，外债几乎都已被取消，而新的债务尚未达到较大的比例，而且，由于这些债务是与多边机构和政府签订的公共债务，期限和条件都很优惠。因此，这一阶段的新债务对内部资本积累过程产生了良性影响。

第二阶段始于 20 世纪 50 年代中后期，首先出现在拉美相对最发达的几个国家。在该阶段期间，进口替代模式发生了重大变化。虽然该阶段仍然是内向型增长，即面向国内市场的增长，但该模式发生了实质性变化。

首先，在这个阶段，纯粹的替代过程已经不再占据主导地位。出于这个原因，这个阶段也常常被称为困难的工业化阶段，以强调这不仅仅是进口替代的问题。开始生产的新工业产品主要是耐用消费品，如家用电器、汽车等。这并不是进口替代，与前一阶段工业化进程主要以本土资本为基础不同，在第二阶段，主导工业化进程的是跨国公司，特别是美国的跨国公司。众多跨国公司利用拉美国内市场的发展，促进了相关行业在国内的扩张，发生了所谓的内部市场国际化。这意味着很多公司的决策中心被转移到了国外，从而削弱了国家在这一进程中的核心地位，并限制了各国政府经济政策的覆盖范围和影响。至此，工业化进程的核心决定权已不再掌握在国家手中，而是取决于跨国公司的外部决定。

在这一阶段中，拉丁美洲相对发展最快的国家在生产中间产品(如钢铁和石化类产品)方面取得了进展，然而在生产资本产品方面取得的进展较为有限。总体来说，取得的这些进展不足以创造一个内在的资本积累基础和一个更加一体化的生产体系。改善落后的工业化和建立关键核心实力的困难仍然存在。一方面，这与市场规模等客观因素有关，并且受到收入分化、外汇限制以及上面提到的跨国化决策等因素的影响。另一方面，这也是由于经济政策的失误对这一进程造成的阻碍，其中最突出的是导致货币被高估的汇率政策，以及对资本产品进口的保护不足。建立一个更加高效的生产体系需要国家的积极参与，并对国家经济进行长远规划。

此外，在此阶段，替代产业和更广泛的资本积累过程无法吸收大量移民到城市。落后的生产部门非但没有随着资本积累而消失，反而出现了大城市的就业不足、非正规劳动人口增多和劳动人口边缘化等问题。虽然在70年代，拉美一些国家的基尼系数有所改善，但进口替代模式并没有改变从先前的模式中继承来的收入高度集中等弊病，而且跨国公司向拉美国家大量输出了与当地发展程度不匹配的消费方式，这些消费方式对收入不平等起到了推波助澜的作用。所以，从总体上来说，拉美的进口替代模式虽然在一定程度上改善了民生，但本质上既没有能真正促进工业化、提振经济，又没有能解决拉美国家由来已久的一些问题。

二、新自由主义模式

1983年以来，拉美国家逐步转向新自由主义模式，这是一种开放的外向型经济模式，该模式的核心是出口转化。在这种模式中，消费者可以根据自己的购买力进行自由选择，因为该模式的假设是：所有人都有足够的收入来满足他们在所需要的各种商品和服务上的需求。

向新自由主义模式过渡的进程遵循了两条不同的路线。一方面，南锥体国家（主要包括南美的阿根廷、智利和乌拉圭）的经济出现了一定程度的再工业化；另一方面，墨西哥以及中美洲和加勒比国家通过出口加工成为了向美国出口的平台，但在国内或区域内却产生了去工业化的情况。例如，阿根廷工业在国内生产总值中的份额从1976年的28%下降到2001年的15.4%；在墨西哥，这一比例从1980年的29%下降到2003年的24.5%。

新自由主义模式始于20世纪60年代末。当时，主要发达国家的制造业大量迁移到国外，从而引发了经济部门的结构性危机，这场危机恰逢拉美的进口替代模式危机。全球化逐步成为跨国公司摆脱危机的解决方案。与此同时，私营企业和受外债困扰的各国政府在新自由主义下的全球化中也找到了答案，纷纷重新投资，并将其重点放在外国市场，特别是美国市场。随着80年代进口替代模式的失败，拉丁美洲陷入了所谓的"失去的十年"，诸如贫富分化等社会问题再次浮出水面，迫使人们重新思考改革战略。新战略由十项经济政策措施组成，从财政政策到贸易和金融自由化，被称为"华盛顿共识"（Washington Consensus）。华盛顿共识是国际货币基金组织、世界银行和美国政府根据20世纪80年代拉美国家减少政府干预、促进贸易和金融自由化等做法而提出的一系列政策主张。

华盛顿共识是国际货币基金组织和世界银行合作下实施的各项经济政策，反映了趋同的政策路径。该共识表达了美国的全球化金融资本与拉美内部精英之间的政治承诺和利益网络。他们通过融入全球化，寻求摆脱危机的出路，并为积累资本开辟新的道路。

然而，这项共识本质上并不要求金融开放，虽然金融开放名义上是新自由主义的中心目标。80 年代末，拉美主要国家重新谈判了外债，使其偿债负担有所减轻。另外，资本账户的开放得到了推动，通过外国直接投资和私人证券资本流动的自由准入，经济增长得到了恢复，并为经常账户失衡提供了资金的补助。然而，金融开放和外部资金的大量流入导致货币估值过高，新的外债周期加剧了外部脆弱性和金融脆弱性。拉美的新兴国家一个接一个地经历了严重的金融危机，对实体经济产生了严重影响，如：1994—1995 年的墨西哥、1999 年的巴西和 2001 年的阿根廷。

另外值得一提的是：出口部门所进行的技术进步并不会辐射到整个生产系统，也不会创造内部生产链，这就阻碍了内生资本的积累。与早期的农业出口时代一样，技术进步集中在最为活跃的经济部门，并没有转移到其他部门。随着技术进步的进一步集中，生产力的增长也集中在了较少的几个部门，这对生产力的提高和现代化的发展产生了影响。由于这种情况是在较低的实际工资和国家直接参与的基础上运作的，国内市场非但没有扩大，反而停滞不前，严重影响了大多数依赖国内市场的企业。

在 80 年代“失去的十年”中，拉美国家的人均国内生产总值有所下降。进入 90 年代，在华盛顿共识期间，人均国内生产总值的增长相当缓慢，每年仅增长 1. 3%，与 60 年代的 2. 54%和 70 年代的 3. 3%形成鲜明对比。在新自由主义模式下，拉美各国政府雄心勃勃所企盼的经济繁荣并未实现。

三、小结

拉美国家的经济发展史可以看作不同阶级和社会群体在其社会发展的不同阶段为改善经济和民生而建立的一系列的长期发展模式，使国家能够提振经济，实现更高水平的社会进步。这是一个漫长而坎坷的过程，从独立到现在，各国对发展的追求中出现了保守和激进的两种思潮和过程：对于前者，经济的发展以现代化为目标，但对外开放程度低，各国往往是被动地去满足资本主义发展的各种需要；对于后者，各国积极融入世界经济一体化，同时也力图满足国家的发展需要和人民的基本需求，但往往难以做到对两者的兼顾。

进口替代模式是拉美历史上为自主发展经济所做的重大努力。两次世界大战和20世纪30年代的经济大萧条为推动工业化创造了巨大需求和有利条件。进口替代模式当时被认为是一种另类的模式，因为在保守派中，人们往往将两次大战期间出现的问题视为过渡时期的问题。因此，随着战争的结束和局势的正常化，拉美本应恢复到原先的模式。如果在这一过渡时期内没有相对激进的政府，进口替代模式是不会被考虑的，但当时的政府考虑到了广大群众和新兴工业资产阶级的根本利益，所以才使得进口替代模式在拉美国家成为可能。

虽然进口替代模式使拉美国家在一定程度上实现了经济增长和就业率提升，并且提高了民众的收入，改善了不少社会指标，但它无法从根本上解决拉美国家落后的问题。上文提到的困难替代阶段与受到各种限制的狭窄市场以及继续依赖初级产品的进出口能力相冲突，形成了一个支离破碎的生产体系，即一个缺乏内生资本积累基础的工业化体系。生产结构和社会结构非但没有同质化，反而变得更加异质，出现了城市就业不足和非正规经济增加等现象。

恢复在国际事务中的自主权、进行经济结构改革、更合理地分配收入、扩大进口替代模式的影响力等，这些都是当时拉美各国政府的工作重心。在六七十年代，拉美多国建立了新的寡头政治，在结构上与跨国公司和国际金融资本联系在一起。在冷战的背景下，拉美各国政府选择了通过外债解决问题，这加速了进口替代模式的消亡，并导致了1982年的外债危机，这标志着新自由主义模式的到来和拉美各国被动地进入全球化进程。

自1983年以来，拉美国家开始了一种新的开放式经济发展模式，这种模式的管制较为宽松，以出口作为资本积累的核心。80年代的模式调整是在不可持续的外债谈判的框架内进行的，导致了大多数国家陷入停滞，人民在所谓的"失去的十年"中日益贫困。

在华盛顿共识的框架下，拉美各国纷纷进行了新自由主义政策的改革，并扩大了金融开放，作为该地区重新融入国际资本市场的重要举措。虽然在这一模式下，国民经济恢复了一定的活力，但各国很快又进入到了新一轮债务和金融不稳定周期，导致了90年代经济危机的发生。

从某种意义上来说，新自由主义模式是开倒车。在该模式下，经济并没有得到真正的增长，生产力发展裹足不前，各国的科技发展和社会进步也很有限。从各项宏观指标上来看，拉美国家非但没有在经济和社会发展方面取得进步，反而倒退了，甚至威胁到了社会稳定。

新自由主义模式虽然对出口部门和制造业的某些部门产生了积极作用，促进了现代化进程，但却加剧了生产系统的结构异质性，生产系统缺乏支持资本积累和经济动态增长的内生基础，并加剧了国与国之间和国家内部的社会不平等。目前，新自由主义框架内的经济持久增长依然只是一种理论上的存在：生产系统比进口替代模式期间更加支离破碎。除了极少数急剧致富的人外，大多数人的生活水平依然没有得到改善。拉美各国迫切需要制定和实施新的发展战略，以恢复经济增长，提高就业水平，满足人民的基本需要，消除极端贫困。

总而言之，拉丁美洲未能发挥其潜力，在过去的几十年里，虽然拉美国家的工业化几乎比亚洲大部分国家早半个世纪。但是拉美国家逐渐失去了相对亚洲新兴经济体的优势，而中国等亚洲新兴经济体由于采用了不同的模式，在经济和减贫脱贫上都大大超越了拉美国家，亚洲新兴经济体和拉丁美洲之间在发展中表现出来的巨大差异主要有以下几个方面的原因。

首先，与大多数拉美国家先前使用的进口替代模式相比，很多亚洲新兴经济体的发展战略更具优势。例如，韩国的发展模式是一种再分配与再增长的模式，在这一模式中，国家通过向企业提供相关的保护和激励，鼓励其投资进行企业现代化，引导经济向着更健康的方向发展。此外，国家进行了大量的社会投资，特别是在教育和公共卫生方面。这种模式有着明显的优势，因为该种模式带来了持续的经济增长和收入增长，并减少了不平等和贫困。而且，这种模式还与该国的出口导向型工业化相结合，在工业化过程的各个阶段之间实现最优排序，并且鼓励企业家充分拓宽国际市场并融入全球化。

其次，与拉美国家相比，中国等亚洲新兴经济体的国家治理能力更强。国家治理能力是指国家设计并实施有利于本国发展的战略和公共政策的能力。例如，在脱贫方面，中国除了给予资金扶持外，更鼓励农民积极创业，因地制宜地发展各地特色经济，特别是生态经济和旅游产业，提高农民收入。相关的政策一般在时间和效果上都有着严格的要求，对执行机构也有着很强的约束力，从而使得相关政策能够有效落到实处。与中国相比，拉美国家的国家治理和执行力显得不足，这与频繁更换的国家领导层、各级政府相对较弱的执行力和较低的行政效率等因素都有关系。

最后，拉美国家未能建立一个更有助于公平发展的农业结构，也未能实现农业和工业之间的有利联动。相反，大部分亚洲新型经济体在开始工业化进程之前已实施了较为彻底的土地改革。而拉美国家在过去的几十年中并未进行任何彻底的土地改革，而且政府未能为改革后的部门制定长久的支持措施，各类措施经常朝令夕改，难以发挥长效。

为了实现高水平的发展和高质量的脱贫，实现工业化和现代化是必不可少的，因为单靠农业发展本身不太可能解决贫困问题。这是从当今发达国家发展的历史经验中吸取的一般教训。农业能够而且需要对工业发展做出贡献，特别是在改革和发展的初期阶段。反过来，工业化可以通过为农业提供提高生产力的关键投入以及为其产出提供市场来刺激农业。以中国为例，随着城市化进程的发展，虽然农业资源曾被大量转移到其他经济部门，但政府的相关政策为农民留下了充分的经济激励措施，显著提高了农业生产力和产量。同时，从农业转移到工业的资源也被有效用于发展当地的工业，这对实现经济的可持续增长起到了重要作用。所以，确保持续增长的关键因素是在整个经济中实现更高的资源利用效率，而不是简单地将资源从一个部门转移到另一个部门。

第二节　中国的发展模式

和拉丁美洲国家一样，几十年来，中国走过了一段独特的发展道路。1978 年的十一届三中全会做出了改革开放的历史性决策，对中国和全世界都产生了深远影响，形成了中国特色社会主义。

中国特色社会主义是全面发展的社会主义。国家统筹推进“五位一体”的总体布局和“四个全面”的战略布局，在社会主义初级阶段这个基本国情的基础上，围绕发展中国特色社会主义的总任务，明确了中国特色社会主义事业“五位一体”的总体布局：经济建设、社会建设、文化建设、政治建设、生态文明建设，以及“四个全面”的战略布局：全面建设社会主义现代化国家、全面依法治国、全面深化改革、全面从严治党，并且统筹国内、国际两个发展大局，丰富并发展中国特色社会主义内涵。

中国特色社会主义是实现共同富裕的社会主义。全面建成小康社会，实现中国共产党的第一个百年奋斗目标。全面实施“七大战略”：科教兴国战略、人才强国战略、创新驱动发展战略、可持续发展战略、乡村振兴战略、军民融合发展战略、区域协调发展战略，同时注意防范化解重大风险、精准脱贫、绿色发展。特别值得一提的是，中国进行了人类历史上规模最大、最彻底的脱贫攻坚战(第二章会详细讲到)，在2021年已解决了绝对贫困问题，创造了人类脱贫史上的奇迹，如期实现了全面建成小康社会，在实现共同富裕的道路上迈出了重要的一步。

与包括拉美国家在内的西方模式相比，中国模式有自己的独到之处：首先，在处理发展、改革和稳定三者的关系时，找到了平衡点——在保持稳定的大前提下，不断推动经济发展和改革开放。这一平衡点实现了中国近几十年从未有过的连续四十多年的大跨度发展和飞跃，为中国进一步走向一个各方面都更加强大的国家打下了坚实的基础。其次，这种模式也非常注重个人主义与集体主义的平衡、社会主义与市场经济的平衡、发展与增长的平衡，特别是人类发展与可持续发展之间的平衡。所以这种模式是一个可以满足所有人而不只是满足少数特权的社会主义模式，这与拉美国家的进口替代模式和新自由主义模式等有着本质的区别。在这种模式中，个体的利益并没有被忽略。相反，大量的资源被投入个体的发展中，将个人和社会的发展融为一体，这有助于为个体和公司、为国家创造一个更加包容的环境，使得社会能够更好地照顾弱势群体。这种模式充分地释放了人类才智，并使得中国特色的发展过程在中华文明的考验下历久弥新。

一、一国四方

具体来说，中国社会发展的模式主要包括“一国四方”，促进了中国的快速崛起，也是中国模式比西方模式更具优势的制度保证。“一国”指的是中国是一个文明型国家，“四方”指的是中国在四个方面实行的制度：在政党制度方面，是国家型政党；在民主制度方面，是协商民主，以及新型民主集中制；在经济制度方面，是混合经济；在组织制度方面，是选贤任能。具体如下：

“一国”：文明型国家。中国是一个五千年文明与一个现代国家的重叠。这种文明型国家具有丰富的历史和文化底蕴，而不是照搬西方国家的模式，只会沿着自己特有的方式不断发展和演变。虽然在发展的道路上会经历波折，但发展的势头不可阻挡。这种文明型国家有能力吸取其他文明的长处而不失去自身特性，并对世界文明和发展做出原创性的贡献。中国作为文明型国家主要有“四特”和“四超”这八个特征。“四特”指的是：独特的政治、独特的经济、独特的社会、独特的语言。“四超”指的是：超庞大的人口规模、超广阔的疆域领土、超悠久的历史文明、超厚重的文化底蕴。其中每一点都包含了传统文明和现代国家的有机融合。这些特征规范了中国特色道路及其制度的独特性，意味着治理这样的大国需要权衡众多复杂因素，需要一个负责而高效的政权机构，以应对如此庞大的人口和疆土规模带来的巨大挑战。中国共产党和中国政府代表了最广大人民的根本利益，这使其能够正确引导社会力量和资本力量。这种制度安排充分保障了中国的崛起，体现了中华文明的优秀传统基因、红色基因和西方元素的有机融合，也构成了中国制度与西方制度的最大差别。

“四方”：四个方面的制度安排。一是政党制度。中国是一个国家型政党，以整体利益为重。中国的崛起和腾飞已成了不争的事实，但不少西方人士认为中国的政治体制是中国模式的弱点，因为一党制不符合西方所谓的民主概念，也与世界上绝大多数国家的政治体制不同。一些西方学者认为这种模式无法应对中国社会日益多样化所带来的各种挑战。然而，中国成功的关键原因之一就是包括中国政党制度在内的政治制度，因为它的背后是数千年的中国文化传承，也代表了最广大人民的根本利益。领导中国这样的大国，执政团体显然不能只代表部分人的利益。中国共产党不仅要对国家的发展和人民的幸福负责，而且要对中华文明的延续负责。从制度传承方面来看，中国共产党是马克思列宁主义在中国的继承和发展。中国共产党是世界上人数规模最大、组织能力最强的政党之一。多年以来，中国学习了西方政党的一些有用的经验，建立了一个强大的现代政党体系，但同时又拥有并保持着独特的政治文化传统。

二是协商民主。中国的民主制度是通过协商民主体现的。在西方国家，民主往往被锁定在政治领域内，锁定在国家首脑的选举。而在中国，协商民主不仅仅是政治层面的，也是社会和经济层面的。中国拥有着超大型的人口规模、超广阔的疆域领域，这意味着中国需要更具整合力和包容性的民主制度，通过广泛的协商，达成广大人民内部最大的共识。中国的协商民主包括新型民主集中制，包括“请进来，走出去”“从群众中来，到群众中去”等一系列已广泛推广的做法。改革开放的过程中，中国通过体制的改革与创新，大大加强了民主集中制中的民主成分，因为随着国家发展的任务愈发艰巨，国家治理涉及的领域也愈发复杂，没有大量的专业知识做支撑，国家是难以做出正确的决策的。同时，在实行广泛协商民主的基础上进行不断的集中，取得了良好的效果，目前已成功地制定了十四个五年规划，五年规划也由计划经济时期指令性的计划，演变成了社会主义市场经济体制下的指导性规划。以五年规划的制定为例，一般需要一年半的时间在各个层面进行深入细致的磋商和咨询。正因为经过了这样一个科学而缜密的过程，中国宏观决策的可行性总体上高于包括拉美国家在内的许多西方国家。

三是混合经济。在经济制度上，中国实行的社会主义市场经济的本质是一种混合经济，这种经济制度力求通过市场经济来进行资源配置的优化，通过社会主义制度来保证宏观的稳定和社会的公平。这种经济制度是

“看不见的手”与“看得见的手”的混合，是计划与市场的混合，是国有经济和私营经济的混合，也是市场经济与人本经济的混合。中国的混合经济制度发展和延续了中国传统意义上的民本经济，即经济发展首先是为了提高人民生活水平，经济与民生联为一体，也与治国安邦联系在一起。同时，这种制度也引入了西方市场经济的理念，包括现代企业制度、贸易制度、银行制度等，以确保中国在国际舞台上成为最有竞争力的国家之一。所以总体上说，混合经济既要发挥市场配置资源的高效，又要确保社会主义宏观整合的优势。中国的混合经济制度不是机械地照搬西方市场经济，而是学习了它的优点，尽可能地克服它的缺点，并结合自身的情况不断进行体制创新。现在中国的社会主义市场经济体系，已经拥有了一整套宏观调控的思路和措施，显示出了强大的生命力和可持续性。

四是选贤任能。在组织制度上，中国实行的是选贤任能制度。目前，中国从上到下建立了一套选拔和选举的公平透明制度。干部的晋升都必须经过初步考查、征求意见、民调、评估、投票、公示等多个程序。中国选贤任能的组织制度挑战并突破了民主或专制这种陈旧的二分法。评判一个政权或者政治制度，应该从它的实质内容来判断，这种实质内容就是该制度能否实行良政善治、能否拥有廉洁奉公的领导人、能否真正使民众受益。这一点也与包括拉美国家在内的大部分西方国家有很大的区别。

二、和平发展道路

与上述“一国四方”并列的是中国所奉行的和平发展道路。自1978年实行改革开放以来，中国成功地走上了与本国国情和时代特征相适应的和平发展道路。通过这条道路，中国人民正努力把国家建设成为富强、民主、文明、和谐的现代化国家，并通过自身的发展不断对人类进步事业做出更大的贡献。中国将坚定不移地继续走和平发展道路，不断实现和平的发展、开放的发展、合作的发展、和谐的发展：争取稳定和平的国际环境发展自己，又通过自身的发展促进世界和平；依靠自身力量和科技创新实现发展，同时坚持对外开放；顺应经济全球化发展的趋势，实现与各国的互利共赢和共同发展；坚持和平、发展、合作，与各国共同致力于建设和维护持久和平与共同繁荣。

中国走和平发展道路是基于中国历史文化的必然选择。中华民族历来热爱和平、渴望和平、追求和谐，这是中国人民一直以来的精神特征。中国明朝著名航海家郑和七下西洋，带给世界和平与文明，反映了古代以来中国就有着和其他国家和人民交流互通的诚意。当代中国，发展迅猛，不仅造福了14亿中国人民，也给世界各国树立了典范，为世界带来了巨大的市场和发展机遇，大大促进世界和平力量的增长。

中国走和平发展道路是基于中国国情的必然选择。改革开放以来，中国虽然取得了举世瞩目的巨大发展成就，但人口多底子薄，发展区域不平衡，依然是世界上最大的发展中国家。推动社会经济发展，不断改善人民生活水平始终是中国政府的中心任务。坚持和平发展道路是中国实现国家富强、人民幸福的必由之路。中国人民珍爱和平的国际环境，愿尽自己所能为推动各国共同发展和富裕做出积极贡献。

中国走和平发展道路是基于当今世界发展潮流的必然选择。和平与合作，发展与共进是世界各国人民的共同心愿，也是不可阻挡的历史洪流。世界多极化和经济全球化的深入发展，给世界的和平与发展带来了新的更多的机遇。然而，世界上仍然存在诸多不稳定因素，人类还将面临许多严峻的挑战，但是机遇大于挑战，只要世界各国齐心协力、共同努力，就能够逐步建设一个持久和平、共同繁荣的和谐世界。长期以来，中国坚持奉行独立自主的和平外交政策，其宗旨就是维护世界和平，促进共同发展。中国的发展不会对任何国家构成威胁，只会为世界带来更加广阔的市场和更多的发展机遇，中国与包括拉美国家在内的发展中国家深入展开了经济、贸易、文化等各方面的合作（详见第五章）。事实表明，中国经济的蓬勃发展，正在成为推动亚太地区乃至全球经济增长的重要力量。促进共同发展、维护世界和平，已成为中国的国家意志和发展目标。

第三节 拉美国家的大宗商品经济

大宗商品是拉丁美洲经济发展的核心。直到20世纪20年代，它们一直是现代经济增长的主要引擎；直到20世纪60年代，它们仍在出口中占据压倒性的比重。20世纪末，市场改革加快，出口日益多样化，但这并没有取代大宗商品的地位，只有少数国家例外。最近的大宗商品繁荣始于2003年，持续了十年，发生了联合国拉丁美洲和加勒比经济委员会所称的"再商品化"，即自然资源商品在出口篮子中的份额再次增长。正因为如此，大宗商品价格在繁荣之后的走低对拉美各国产生了重大的宏观经济方面的挑战。

对大宗商品的依赖与经济发展之间的关系一直是当代拉美经济的主题之一。大宗商品的发展是否有利于本国制造业和现代服务业的发展？各国应如何应对大宗商品价格波动带来的宏观经济挑战？政府对大宗商品部门税收的依赖以及税收对这些部门的国有企业（通常是石油和矿产类国企）利润的影响如何？……这些都是拉美国家在发展大宗商品产业时需要考虑的问题。

自殖民时代以来，大宗商品依赖一直是拉丁美洲融入世界经济的主要特征之一。当现代经济发展起步时，特别是19世纪末和20世纪初，大宗商品在拉美经济的重要性逐渐提高。然而，两次世界大战和20世纪30年代大萧条造成的重大冲击使大宗商品扩张告一段落。随之而来的大宗商品市场崩溃导致拉美国家进入了一个新的发展阶段，也就是前文所述的进口替代模式。

然而，大宗商品的利益从未被完全替代。其基本原因是，大宗商品出口继续在各国总出口额中占有重大份额，因此，工业化进程继续严重依赖大宗商品出口而产生的外汇。与此同时，新资源新矿产的发现对本国和相应的贸易国都带来了新的机遇，比如70年代在墨西哥发现的重大石油矿藏。较大的经济体在此阶段的工业化进程中往往更为成功，自60年代中期以来，较大经济体在全球制造业出口市场中占有的份额有所增大。这也得益于拉美国家的一体化进程，如拉美自由贸易协会、中美洲共同市场和安第斯集团的建立。

然而，从20世纪20年代到70年代的50年中，拉美在世界贸易中所占份额是明显下降的。70年代的这一数据略高于4%，约为20年代水平的一半。下降的主要原因是拉美地区在世界初级商品市场中份额的下降。此外，这还跟一些外部和国内因素也有较大关系。在外部因素中，主要因素是20世纪60年代初至70年代初中东石油的繁荣，这导致拉美国家特别是委内瑞拉在世界石油出口中的份额下降。同时，发达国家的保护主义政策也损害了拉美国家的农产品出口，这对阿根廷、古巴和乌拉圭等农产品出口大国的打击尤为严重。在国内因素中，最主要的是对传统农业出口产品的差别汇率政策，特别是针对咖啡和蔗糖等的经济政策歧视，当然该政策从某种程度上也保护了与进口产品构成竞争关系的国内农产品。

拉美主要国家在世界贸易中的另一个特点是其对自然资源和基础设施部门的外国直接投资的限制。这包括墨西哥的石油国有化，以及玻利维亚的锡、智利的铜和委内瑞拉的石油的国有化进程。此外，大宗商品的国际监管也很重要，尤其是在20世纪50年代后半期大宗商品价格暴跌之后，例如，1962年达成的《国际咖啡协定》及该协定对咖啡生产国和消费国的市场监管作用。

20世纪最后20年的特点是大宗商品的价格暴跌、80年代的拉美国家债务危机，以及南锥体国家(阿根廷、智利、乌拉圭)在70年代后半期和80年代中期以来以开创性的方式引入的市场改革。市场改革旨在加强自然资源部门的相对优势，包括向国有化石油和矿产部门的国内投资者开放石油和矿产行业(如墨西哥)，以及放弃商品价格稳定计划等。例如，2006年，玻利维亚加强了对国有公司的石油和天然气行业的控制，2012年阿根廷也加强了对该行业的控制。国有企业在拉美国家的石油和矿产行业(尤其是智利的铜行业)继续发挥着重要作用。

这一进程之后，拉美国家的出口结构发生了重大的调整，特别是从

2003年开始，出现了持续约十年的大宗商品价格上涨。与此同时，拉美国家与中国的贸易变得尤为重要。中国从21世纪开始，已成为拉丁美洲最重要的贸易伙伴，尤其是在2008年金融危机之后，拉美国家的出口更加依赖自然资源，其中对中国的出口占比最大。对中国的出口商品中，自然资源类大宗商品占比最大，在有些年份占到了所有出口商品的90%以上。

具体来说，自20世纪90年代以来，拉美国家的出口结构发生了较大变化，大致可以根据南北国家的地理位置分为两种模式。北方模式的特点是制造业出口份额更大，但其中很大一部分包含大量进口原件，国内附加值有限，主要面向美国市场，例如以进口零件组装为主要内容的制造业。南方模式变化相对较小，由大宗商品的出口、以自然资源为基础的制造业，以及拉美国家之间的贸易等组成。除了南北模式以外，还有另外一种模式，该模式主要被体量较小的一些经济体采用，例如巴拿马(运输业和金融业)、古巴(旅游业)和多米尼加共和国(旅游业)。这种模式的主要特点是服务出口份额很大。

总的来说，拉丁美洲特别是南美洲，未能充分利用其丰富的自然资源所带来的优势，相反，对自然资源及其衍生出来的大宗商品的依赖带来了负面的结构性影响(例如去工业化)。同时，大宗商品的周期性也导致了宏观经济的脆弱，因为各国很难制定适当的反周期经济政策。该政策的缺乏所带来的短板在2008年金融危机期间在主要南美国家中显露无疑，尽管大宗商品依然畅销，但这在很大程度上与汇率高估和去工业化趋势有关。但在目前大宗商品价格不利的情况下，各国发展的道路需要以技术发展为中心。这一战略的核心是寻求生产多样化和加强再工业化，同时还需要充分利用拉美地区自然资源财富所带来的技术和商业机遇。

第四节 科学技术与发展

一、科技政策

拉丁美洲在科学技术和发明创新方面的政策有待完善，其最薄弱环节是研发投资的平均水平较低。尽管美洲开发银行和世界银行等国际银行开展了积极工作，为拉美国家拨了大量贷款，以促进该地区各国的科技发展和技术创新。但拉美主要国家在这方面的政策并没有发生重大变化，各国也无法大幅增加对科技和创新的投资。从政策本身的角度来看，最主要的问题不是投资规模小，而是其趋势多年来一直保持稳定，可能需要更长时间才能反映出新政策的影响。

拉美国家研发活动的资金主要来源于公共资金，但比例因国家而异。总体而言，近三分之二的资金来自公共预算，略高于三分之一来自私有部门，其中企业占主导地位。在这些资源的使用方面，近40%用于大学的科研，这种资助比例与发达国家差异很大，发达国家的研发资金大多来自企业，这就是为什么鼓励私有部门投资被列入许多国家的科研政策议程。在拉美国家中，这方面做得相对较好的是巴西。

拉美许多国家拥有直接用于企业研发和创新活动的公共融资工具，但尚未能够评估其中长期的影响。此外，一些国家还建立了鼓励研发和创新的税收机制。一些国家还使用了其他支持创新融资的工具，如风险资本基金、种子资本基金，以及技术公司或一般中小企业孵化器的措施。巴西在这方面做得比较好。巴西在资助科学研究和创新活动以及鼓励私营部门进行研发投资方面具有较丰富的经验。该国的国家科学技术发展基金大力支持科学研究和技术创新及其相关活动。这些活动除科研创新外，还包括技术转让和新技术开发、人力资源培训、科学交流，以及科技创新方面基础设施的建设和维护。

此外，拉美各国近几十年来面临着较为严重的人才流失问题。和很多其他发展中国家和地区一样，拉美国家的大学毕业生很多都选择去欧洲或者北美工作或继续深造。据经合组织(OECD)的估算，约有200万拥有高学历的拉美人居住在该组织的各成员国。在这些国家中，西班牙已成为最吸引高素质拉美移民的目的地。这一方面是由于西班牙与大部分拉美国家都是使用西班牙语，在语言和文化方面的差异较小，另一方面是由于西班牙现行的移民政策对拉美移民非常具有吸引力，拉美移民在西班牙合法居住两年就可以申请西班牙国籍。然而，近年来由于西班牙失业率上升，就业难度也随之增大，所以拉美的新移民可能会有所减少。

二、研发成果

在研发成果方面，无论是在数量上还是在质量上，拉美国家近年来都有所提高。然而，由于拉美各国科技政策的局限和创新激励的缺乏，研发成果直接转化为生产的比例还较低。拉美国家虽然在科技创新有较大起色，但将其转化为专利的比例也较低。总体来看，拉美国家的科技部门对生产活动的贡献度仍然较低。

国际专利数据库提供了对世界主要市场发明创新的衡量标准。美国专利和商标局的数据库每年记录超过20万项授予各国的专利。在21世纪的前十年期间，拉美地区在专利数量上排名前四的国家仅拥有不到2000项专利，其中近一半来自巴西。欧洲专利局每年注册5万多项专利，其中来自拉美国家的专利不足500项。

同时，正如拉美各国(如墨西哥、阿根廷、哥伦比亚等)政府在相关的年度报告中提到的那样，除少数例外的领域和行业外，拉美各国科技体系的特点是公共研发部门(特别是大学研发机构)与生产部门之间的联系较为薄弱。

相关的科技政策显示，拉美国家公共和私营部门之间的合作不够深入，这主要反映在建立促进研发和创新的方式和路径上。相对较发达的国家则拥有更多这方面的经验，例如在公私合作研发大型企业的发展方案方面，智利做得较为专业，也取得了一定的进展。该国在公共和私营部门的共同参与下建立示范和推广中心，鼓励更多企业效仿，同时让更多的公共机构和国有企业也参与进来，以提高它们的效率，加快科研成果落地。智利等国已制定了技术转让政策，以及促进高科技基础设施建设及创新方案。

智利的大型私营企业在促进科研机构与生产部门以及国际部门之间联系方面做得较好，因此该国在创新实践和提高竞争力方面做得比其他拉美国家好。具体来说，商业实体和学术、科研机构联合起来，共同研究并制定创新方案。通过转让和营销其科研成果来实现落地，使生产部门受益。同时，在该国的优势领域投入更多高素质的人力资本。这些领域和行业主要包括奶制品、水果(如车厘子)、葡萄酒、医疗器械、航空产品等。

三、国际合作

科技发展和创新的另一个重要方面是国际合作。近几十年来，国际合作在拉美地区发挥了重要作用。国际机构一直是拉美科技创新与合作的积极推动者，特别是联合国教科文组织和美洲国家组织。其他国际机构也发挥了积极作用，例如联合国工业发展组织在工业和技术领域对拉美的支持；联合国开发计划署、泛美卫生组织等都对拉美的发展战略起到了促进作用。同时，美洲开发银行的作用也很关键，该银行为拉美的基础设施建设和研发活动等方面提供了大量资金。在过去的二三十年中，美洲开发银行向拉美的几个国家发放了数十亿美元的贷款，以提高其科技水平和研发实力。此外，世界银行也为拉美的科技发展提供了资金，并对该地区的机构重组产生了积极影响。

然而，在横向合作方面，即各国在科技方面的合作，拉美还有很大提升空间。虽然几乎所有拉美国家都签订了与科技相关的双边合作协议，包括科技领域的横向合作机制。例如，拉美安第斯地区的国家早在1970年就签定了旨在加强教育、科技和文化领域合作的《安德烈斯·贝洛公约》(*Convenio Andrés Bello*)；伊比利亚美洲科技和发展计划(CYTED)自1984年建立以来一直对该地区的科技发展起到了促进作用。此外，伊比利亚美洲国家组织及其科学方案也在促进拉美科技与社会凝聚力方面做出了贡献。另外，南方共同市场(阿根廷、巴西、乌拉圭、巴拉圭、委内瑞拉)的几个国家制订了一项科技创新的框架方案，这些方案仿照了欧洲国家的类似方案，但在预算等方面还有待完善。另外，拉美国家科研人员的互动也比较有限，合作的文章和联合出版物也就比较少。一些科技方面的区域方案往往涉及领域较为单一，虽然也创立了相关领域的在线平台，包括文献平台、科技指标平台等，但由于受众面较小，很难对提升该地区的科研实力有实质性帮助。所以，很多拉美国家都把提高科技创新水平、加强科研实力与合作提上了议事日程，更多的激励机制以及合作模式也在酝酿中。

四、创新创业

拉丁美洲是一个具有巨大经济潜力的地区。该地区人口约6亿，是世界上两大经济体巴西和墨西哥所在的大洲。在过去的二三十年中，许多拉美国家都进行了改革，包括私有化、提高私营企业在促进经济增长中的作用，以及鼓励企业改革创新等。此外，拉美地区在宏观经济稳定方面也有了一定的改善。然而，与其他一些新兴经济体相比，特别是与中国等同样经历了改革发展和经济增长的国家相比，拉美的发展水平较低。产生这种差距的一个原因是，拉美地区在教育、科技创新和经济改革等软领域仍然落后，在软实力上还有很大的提高空间。与其他新兴经济体相比，拉美在改善经济和民生方面的成就较少，在发展其他软实力方面也遇到了较多困难，特别是在创业方面。

创业方面的落后已引起了拉美各国政府的重视，近年来几乎所有的拉美国家都对创新创业出台了相关激励政策，包括企业层面的创新也包括个体层面的创新，因为两者都可以显著激励经济和民生的改善。企业是国家产业结构的组成部分，新企业的建立可以创造就业机会或在自营职业的情况下雇佣个人，而且还可以帮助振兴地区经济，提高人民生活水平。

在创业率方面，拉美国家的创业率其实并不低。与大部分新兴经济体相比，拉美的创业率从21世纪开始就保持着较高水平。例如，21世纪前十年，秘鲁和玻利维亚在初级阶段的创业率约为25%，这反映了创业活动在拉美地区较为普遍这一事实。然而，与其他新兴经济体相比，拉美新企业的技术含量偏低，非正式、非正规的较多，因为该地区的创业主要是与生活必需品相关的(如餐饮业)，这一类产品的企业在拉美总的创业活动中占有很大的份额。这类创业活动主要包括自营职业和自由职业的创业，无法提供高质量的商业和就业机会。但总体来说，这类企业依然会对国家的经济发展有利，是国民经济的重要组成部分，即使企业规模较小，仍然可以给社会提供一些就业机会。

所以就存在着这样一个悖论：一方面拉美国家在竞争力和创新活力方面表现相对较弱，但另一方面却拥有大量创业者。大多数发达国家和其他新兴经济体(如东亚国家)已经从效率驱动阶段过渡到创新驱动阶段，其特点是激烈的竞争以及公司产品的多样性，实体经济更具灵活性和创新性，而且特别注重新公司对技术改进和创新所起的作用。而在拉美国家，大多数小规模企业在创新方面动力不足，所提供的产品和服务与大型公司相比附加值较小。拉美国家高质量的创新企业数量有限，而且在创建知识型企业方面存在诸多限制。

总体来说，与发达国家相比，拉美国家在科技和创新方面的实力有较大差距。这一差距在不同程度上影响到每个拉美国家。尽管各国的情况有差异，巴西、智利等国科技实力相对较强，但与发达国家相比仍然有很大的差距，拉美国家在国际科学技术舞台上仍处于次要的地位，这在一定程度上也阻碍了拉美各国的经济发展。

虽然近年来的经济增长使拉美的科技发展恢复了一定的活力，并且展开了更多的创新项目，然而，结果似乎只是巩固了原有的科技水平，并没有真正为现代化生产提供决定性动力。另一方面，不得不提及拉美的贫富差距(第二章会有更多分析)。拉美仍然是世界上最不平等的地区之一，贫困和暴力等严重的社会问题仍然大面积存在，这严重影响了国民的教育、医疗保健和住房等基本权利。科技和创新发展政策不能忽视这一现实，相关政策也应该同时纳入与脱贫和改善民众生存环境有关的目标。拉美必须探索新的发展道路，以创造更多的财富并进行更加合理的分配，重视现有资源，特别是无形资源和知识产权。科技创新必须在实现新的增长和改善民生方面发挥越来越重要的作用。

第二章 消除贫困

在20世纪80至90年代"失去的十年"之后，拉丁美洲恢复了之前四五十年的长期减贫趋势。根据拉丁美洲和加勒比经济委员会的估算，拉美的贫困率从20世纪90年代的近50%降至21世纪初的30%多，同期的绝对贫困率也从约20%降至10%多。城市和农村地区在减贫方面取得了同样的进展，贫困率的下降幅度较大。在拉美的大部分国家，贫困率平均下降了近10个百分点，表现最为突出的是墨西哥和巴西，墨西哥下降了约15个百分点，巴西下降了约11个百分点。

随着贫困率的降低，不少社会指标也在逐步改善。例如，20世纪末以来，拉美地区预期寿命增加了近8年，婴儿死亡率下降了50%以上，文盲率下降了一半，目前不到13%，而各阶段教育的入学率都有所增加，中学和高等教育的入学率增加最为显著。

然而，基尼指数的变化在拉美各国的表现不尽相同，例如，墨西哥、乌拉圭和洪都拉斯等国的基尼指数有所改善，而厄瓜多尔、哥斯达黎加和巴拉圭等国的基尼指数却有所恶化。一般来说，减贫越成功的国家不平等程度越低，基尼指数就越小。

此外，作为拉美国家长期以来的社会毒瘤，暴力与犯罪依然是拉美各国在减贫工作中的巨大障碍。各国政府虽然都制定并实施了多项政策以降低犯罪率和凶杀率，但成效普遍不明显。暴力与犯罪给拉美国家带来了巨大的压力，对该地区的政治、经济和社会发展造成了严重的阻碍。

相比之下，中国的脱贫政策卓有成效。从2015年正式开启脱贫攻坚战，在全国范围内精准脱贫，实现了消除贫困、改善民生、逐步达到了共同富裕，同时，全面推进乡村振兴，加快农业农村现代化。到2021年，中国的脱贫攻坚战取得了全面胜利，使7亿多农村贫困人口成功脱贫，为全面建成小康社会打下了坚实基础。

第一节　贫困与犯罪

近年来，拉丁美洲已成为世界上最暴力的地区之一。拉丁美洲每年有超过14万人死于凶杀，每10万人中有23起凶杀案，凶杀率是世界平均水平的两倍以上，是世界上仅次于撒哈拉以南非洲地区的最暴力地区。虽然拉美各国政府在过去的几十年中一直在设法打击暴力减少犯罪，但结果却事与愿违。自20世纪70年代以来，大部分拉美国家的犯罪和暴力水平依然居高不下。泛美卫生组织将暴力描述为区域性流行病。每年，拉美人因暴力而平均失去3天的健康，2800万拉美家庭遭受抢劫和盗窃。

在拉美，暴力对穷人的影响和伤害更大，穷人的资产和生计更容易因暴力而被侵蚀和断送。犯罪和暴力的频发是拉美地区社会和经济发展的主要障碍。犯罪和暴力带来的社会和经济代价是惊人的。据估计，这一代价达到了该地区GDP的15%左右。在人力资本方面，每年损失近2%的GDP，相当于该地区在初等教育方面的支出。在过去二十多年中，由于犯罪和暴力的增加，人力资本的净积累已经减少了一半。例如，根据哥伦比亚国家规划部的数据，20世纪90年代，包括城市暴力和武装冲突在内的各种暴力活动带来的经济代价占GDP的20%以上。据估算，如果当时没有这些暴力犯罪活动，该国的GDP将比目前的实际GDP高出30%以上。

拉美凶杀率增长最多的国家包括哥伦比亚、阿根廷和秘鲁等国，这些国家的凶杀率在过去的几十年中上升了近300%。凶杀和谋杀已成为哥伦比亚、萨尔瓦多和危地马等国的主要死因。在一项拉美17个国家和地区的民意调查中，超过80%的受访者表示，过去一年犯罪率有所上升，40%的人表示，他们自己或家人在过去一年中曾是犯罪的受害者，80%的人预计未来一年犯罪情况会更糟。

在这一可怕的趋势下，犯罪特别是暴力犯罪已成为拉美发展的最严重障碍，经济增长放缓，民主巩固受到破坏，社会资本受到侵蚀。由于犯罪浪潮在一定程度上的自我延续性，一旦犯罪的诱因无法在短期内得到显著的遏制，犯罪的趋势在未来几年可能会继续恶化。

一、犯罪与暴力的影响

可以从三个方面了解拉美犯罪和暴力的影响。首先，犯罪数据方面，就其性质而言，犯罪一般是私自进行的，本质上难以衡量，犯罪率的明显变化可能只是反映了更好的信息收集技术。此外，拉美地区一半以上的犯罪没有报案，究其原因，可能是因为部分公民不知道如何行使自己的正当权利，也有可能是害怕报复。即使公民即时报案，受腐败影响，部分案件在处理过程中可能会“丢失”。一些政府机构甚至经常少报犯罪数据，以显示在减少犯罪方面的“进展”，从而粉饰太平，安抚民众和投资者。此外，各国政府对犯罪的分类不同，使得进行跨国破案的工作更为复杂。

其次，在各类学术文献和出版物中，犯罪和暴力这两个词经常互换使用，但实际上它们是不同的概念：并非所有的犯罪都是通过暴力手段进行的，也并非所有的暴力行为都是犯罪。例如，一些贪污腐败行为在严格意义上并不暴力。相反，拉美家庭暴力普遍存在，接近40%的拉美妇女遭受过家庭暴力，但这种行为在许多拉美国家并不构成犯罪。总的来说，拉美的犯罪行为和暴力行为之间存在着一定的重叠，因为缺乏可靠的本国和跨国数据，所以无论在新闻报道还是在学术文献中，两者都常常会被混用，导致相关数据发生偏差。

最后，拉美有多种类型的暴力相关群体，各国确定了多达70种不同类型的暴力行为，这项研究和分类的主要关注点是社会和经济暴力，暴力行为的目标通常是物质方面的利益，也有以政治利益为目标的。然而这种区分有时对不同行为的界定是模糊的。例如在哥伦比亚，该国主要的反政府武装声称寻求政治变革，但却进行贩毒等其他犯罪行为。所以该组织的真正动机是出于政治野心还是出于经济目的就不得而知了。

二、规模、趋势和表现

拉美各个国家受犯罪和暴力影响的程度差别很大。根据近二十年的数据，安第斯地区(如哥伦比亚和厄瓜多尔)，每10万人的谋杀率约为50起，巴西约为30起，中美洲、墨西哥和西语加勒比地区约为20起，英语加勒比地区约为10起，南锥体地区(阿根廷、智利、乌拉圭)约为7起。国家如果发生内战等冲突，接下来几年的犯罪率和暴力率往往会激增。例如，萨尔瓦多在内战结束后，谋杀率上升了近40%。但是，暴力的激增并不是经历政治动荡的国家所特有的。在多种因素的作用下，拉美其他国家的谋杀率也会出现激增的情况。

令拉美各国政府担忧的是，自20世纪70年代以来，犯罪行为和暴力事件在大部分国家愈演愈烈。数据表明，拉美地区大多数国家的犯罪活动总体呈上升趋势，阿根廷、智利和哥斯达黎加等国是少数例外。增长率最高的是加勒比地区，该地区的谋杀率激增了约60%以上，安第斯地区的谋杀率也翻了一番。在巴西和中美洲以及西语加勒比地区，谋杀率分别增长了约30%和20%，而南锥体国家和墨西哥的谋杀率分别增长了约15%和8%。就整个拉美地区而言，牙买加的犯罪率增长最为剧烈：从20世纪末的几十年到21世纪初，暴力犯罪率从每10万人255起上升至每10万人633起，谋杀率从每10万人20起跃升至每10万人40起。

暴力在城市中最为严重。墨西哥城、利马和加拉加斯等拉美大都市占所在国家凶杀案总数的三分之一到一半，甚至更多。虽然各方的关注点一般都集中在城市中的犯罪和暴力，但大部分农村地区也深受其影响。农村暴力的高发率在经历战乱或冲突后的国家最为明显，如萨尔瓦多、危地马拉和哥伦比亚。萨尔瓦多是农村暴力发生率最高的国家之一，近80%的凶杀案发生在农村地区。拉美农村暴力的发生很大程度上源于其不平等和具有排斥性的农业社会经济体系。

自20世纪70年代以来，犯罪和暴力水平不仅大范围增加，而且其形式也发生了变化。自20世纪90年代以来，暴力最明显的表现不再是公开的政治冲突，而是犯罪和暴力。暴力有许多不同的表现形式：凶杀、抢劫、绑架、袭击、家庭暴力、性暴力、对儿童和老人的暴力等。受害者调查表明，不同的社会经济群体经历暴力的情况不同：中等收入和高收入社区大多受到财产犯罪的影响，而凶杀和人身伤害在低收入社区则更为常见。哥伦比亚的一项研究表明，在主要的大城市，富裕家庭遭受的主要是与财产相关的犯罪，而穷人尤其是教育程度低的人，则承担了更多的家庭暴力。关于凶杀和伤害等暴力行为的大部分数据没有按族裔群体分类，但各地的证据表明，遭受社会排斥的人，如土著群体和非裔后裔，可能受到更多的暴力袭击和暴力犯罪。

虽然暴力往往倾向于以谋杀率或凶杀率来统计，但家庭暴力事实上是拉美最普遍的暴力类型之一。调查表明，10%至50%的女性声称曾被现任或前任伴侣殴打或虐待。在多达一半的案件中，家庭暴力与心理暴力和性暴力同时发生。在哥伦比亚，家庭暴力影响到了几乎一半的哥伦比亚家庭，而受其他犯罪影响的家庭不到10%。研究同时表明，收入最低的1/5的女性比最高的1/5遭受家庭暴力的可能性高出15%。无论是在城市还是在农村，收入越低的女性越容易遭受家庭暴力。证据表明，家庭暴力的主要诱因是教育的缺乏，每多受一年的教育就会使家庭暴力的发生率降低1%以上。家庭暴力的代价超出了公共卫生部门的承受能力，因为家庭暴力会严重影响妇女的就业和工作。一项基于受害者群体的成本估测显示，尼加拉瓜家庭暴力对社会造成的总代价约为GDP的1.6%，智利约为GDP的2%。

与不太容易让人察觉的家庭暴力相比，青少年暴力是非常明显的。在拉丁美洲，暴力的肇事者和受害者大多是年轻男性。在加勒比地区，大约80%的暴力犯罪是由男性犯下的，其中大多数是35岁以下。29岁以下的杀人犯在不断增加，据世界卫生组织的估计，拉美10至29岁青年的谋杀率约为0.035%，差不多是非洲的两倍。哥伦比亚的青少年谋杀率增长最为严重，20世纪的最后十多年间，该国的谋杀率上升了约150%，从0.036%上升到0.095%。同一时期，委内瑞拉的谋杀率从0.01%上升到

0.024%，上升了约140%。在墨西哥，青年谋杀率变化较为稳定，从0.014%上升到0.015%。青年暴力经常发生在帮派中。萨尔瓦多估计有3万至3.5万名帮派成员，洪都拉斯的帮派数量也接近该数目。帮派成员主要是男性，成员往往来自经济贫困的城市边缘地区。在拉美大城市的边缘地带，社会秩序的崩溃和社会资本的低下为各种帮派提供了滋生的土壤。

同时，青少年暴力与针对儿童的暴力密切相关。儿童时期遭受暴力与后来的暴力行为倾向之间有着重要的关系。据估计，拉美地区有600万未成年人曾受过严重虐待，每年有8万人因父母、亲属或其他人的伤害而死亡。一项统计发现，哥伦比亚的各大城市有超过200万儿童、青少年和23%的家庭曾遭受虐待，墨西哥首都墨西哥城有100万儿童和13%的家庭曾遭受虐待。这项研究还发现，打击对儿童的暴力和家庭暴力是避免日后暴力升级的重要措施，各种形式的青少年和儿童暴力都对经济发展、社会稳定和家庭和睦有着严重的负面影响。

随着犯罪和暴力水平的上升，维护社会治安和公民安全已成为拉美各国政府的一个重要工作重心。拉美民意调查将犯罪与失业、通货膨胀、贫困和腐败一起列为民众最关切的问题。民意调查显示，在拉美各国，人与人之间的信任度普遍偏低，这主要就是由于恶劣的治安环境造成的，使人们无法轻易信任不熟悉的人。

三、暴力与贫困的悖论

与难以遏制的犯罪率和谋杀率相反，拉丁美洲和加勒比地区的贫困率却呈大体下降趋势。事实上，拉美地区贫困率的降低与犯罪率的降低存在着一定的负相关。从积极的方面来看，自2000年以来，大多数拉美和加勒比国家的贫困程度都有所下降。根据联合国的数据，该地区6亿多居民中贫困人口的比例从约40%下降到约25%。虽然在部分国家贫困率依然居高不下，但总体来说拉美和加勒比人民的生活水平得到了一定程度的改善。

然而，犯罪率与国家发展水平之间的关系也不是线性的。根据世界银行的数据，犯罪率一般首先会随着人均收入的增长而上升，只有当收入增长到了一定的水平之后犯罪率才会下降。这主要是因为随着收入的增长，犯罪的机会成本也会增加。随着犯罪率的上升，对安全和安保的需求也可能增加，而单纯的社会和经济发展不一定能减少犯罪行为，这使得政府将更多的资金用于减少犯罪打击暴力。世界银行的数据显示，GDP 增长率每增加 1%，每 10 万人的凶杀案就减少 0.2 起。所以，经济增长率是降低犯罪率的重要指标。

另一个诱发凶杀和暴力的驱动因素是收入不平等。拉美各国的调查表明，环境越不平等，暴力发生率越高。尽管拉美和加勒比地区的贫困率明显下降，但各方面的不平等现象却难以消除。世界银行与拉丁美洲和加勒比社会经济数据库指出，自 2010 年以来，中美洲北部和安第斯地区一些国家的不平等现象有所改善。事实上，拉丁美洲是世界上收入分配最不平等的地区，包含了世界上前 15 个最不平等国家中的 10 个。为什么更大的收入不平等会转化为更多的暴力？至少有两个原因。首先是巨大的财富差距使面临高失业率的人口之间产生了更大的竞争。其次是收入不平等导致贫富人口之间对公共资源产生竞争。

造成高凶杀率的另一个关键因素是青年失业率居高不下。拉美和加勒比地区 1 亿多年轻人(15~24 岁)中近 15%失业。这一失业率是成年人的 3 倍。即使是有工作的人，超过一半的人员从事的工作是非正规的，如：街头贩卖、打临工等。拉美地区总共约有超过 2000 万年轻人没有接受过正规教育或培训。调查显示，青年失业率每增加 1%，每 10 万人中的凶杀案就会增加约 0.3 起。之所以有这样的影响是因为青年人特别容易受到不良行为和犯罪行为的影响，而参与犯罪带给他们的诱惑远高于在正规市场就业。所以，仅仅就业可能不足以阻止青年犯罪，就业的种类和劳动力本身的素质往往更为关键。

拉美和加勒比地区犯罪的肇事者和受害者通常都是失业失学的年轻人。这些年轻人可能会认为犯罪给他们带来的好处大于潜在的代价。因此，较少的就业机会与较低的犯罪机会成本有关，失业也与帮派成员数量激增有关。同时，较低的受教育水平也往往与较高的刑事暴力案件相关。

拉美各国虽然扩大了入学机会，降低了文盲率，但辍学率仍然很高，学校质量也偏低。哥伦比亚的研究表明，年龄和受教育程度是影响暴力犯罪的关键因素，如果年轻人未完成学业，尤其未完成中学学业，那他们将会有更大的可能走上犯罪道路。

当然，拉美和加勒比国家居高不下的犯罪率和受害率背后还有其他原因。例如，无序和盲目的城市化在一定程度上成为了大中型城市和贫民窟犯罪率激增的原因。大量未经许可的枪支，包括从美国贩运的枪支或从其他来源进入市场的枪支，也与该地区枪支暴力泛滥有直接的关系。此外，大男子主义的盛行和对不平等性别关系的熟视无睹也是造成家庭暴力率较高的重要原因。

四、小结

拉丁美洲犯罪率的飙升对该地区的政治、经济和社会发展造成了重大影响。犯罪，特别是暴力犯罪，正在阻碍外国投资，降低工人生产力，并增加国内外公司的运营成本。暴力和犯罪的代价是巨大的，据美洲开发银行估计，如果拉美地区的犯罪率和世界大部分其他地区一样，那么拉美的人均国内生产总值将比现在高出25%。

世界银行的研究表明，犯罪与收入不平等之间存在着密切的联系。过去十多年中，拉美的收入不平等状况有所恶化，未来几年不太可能有大幅的改善。中美洲和安第斯国家的下一代将面临爆炸性的青年人口膨胀，这表明人口高密度、快速城市化和持续的收入不平等将加剧暴力和犯罪。与此同时，该地区许多国家正在经历国内毒品危机，国际犯罪集团正在进入该地区，利用其边境管理松懈和执法力度不够等弱点，通过毒品和其他犯罪毒害这个地区。

由于短期内无法切实解决犯罪的根本原因，拉美和加勒比地区可以在未来几年将减少犯罪的工作重心放在一些相对简单易行的措施上，例如，加强在部分地区的枪支回购计划、匿名报警热线、社区警务服务、邻里监督委员会等措施的实施力度，这些措施目前都是在地方层面实行，以后可以考虑将其扩大到国家层面，以加强其威慑力，并更好地针对高危人群和社区。

第二节 拉美国家的脱贫政策与战略

一、消除贫困的社会政策

消除贫困的社会政策一直在发展，因为这一概念已经从单一的生存需求和物质需求逐渐转变为一种更多维的需求，即不仅寻求满足个人吃饭就医等基本需求，而且还设法寻求个人的社会融合。

因此，由于贫困的诱因是多方面的，克服贫困也需要采取全面的干预，并努力制定多部门的社会政策，制定明确的目标和措施，整合全面的社会网络。通过这种方式，各国的脱贫政策才能真正改善个体在社会中的发展状态，减少贫困人口，促进人口素质的提高。

回顾拉美不同国家目前制定的消除贫困的社会政策，可以看出，无论所处的政府和社会的具体特点如何，在减少贫困的社会政策方面和对弱势群体的关照方面都有一定的相似之处。相似之处主要体现在三个层面：地理位置层面、生命周期层面和社会群体层面。

地理位置层面：为了更好地利用资源，并向特别需要帮助的人提供援助，很多拉美国家采取了一种以地点为工作重心的方法，在这种方法中，某些政策仅适用于或仅限于指定的最贫穷的某个镇或者某个省等地理单位，并明确承认国家各地区的社会发展是有差异的，所以相应的扶贫政策也是有差异的。这可以使公共支出更加合理化，而且还可以更加深入地了解各地在地理、文化、经济等方面具体的特点。

生命周期层面：按生命周期划分的政策标准包括社会风险管理的两个基本方面。首先，由于社会风险的来源不同，在个体的一生中需要不同的干预策略，这可以理解为个人生命周期。因此，儿童和老年人将需要更多的社会保护。因为他们无法开展有偿的经济活动，以确保他们达到最低收入水平以满足生活的基本需求，因此他们在温饱和医保等方面比其他年龄组更脆弱。同样，年轻人这一年龄组更有可能面临因失去工作而产生社会风险，因此对于这一类人群的工作重心是给予他们更多的失业保障和再就业培训等。此外，政策还会考虑家庭生命周期，在把家庭作为一个分析单位时，认为社会风险会随着时间的推移而变化，这取决于家庭成员的规模和组成，如性别、年龄、工作等。同时，特别强调了降低儿童社会风险的政策，从出生到成为年轻人，着重防止儿童遭受家庭暴力等对儿童的影响不可逆转的遭遇，将儿童的全面发展视为一个持续的过程。所以减少贫困的社会支出很大一部分集中在通过食品供给方案确保充足的营养，以及确保儿童和青年在教育系统中获得足够的教育和关注。

社会群体层面：社会群体层面主要针对的是社会中最弱势的群体。这一群体的人由于各种原因，不仅容易处于社会排斥状态，而且更容易处于经济、政治和法律排斥状态。因此，这部分人群的脆弱性已超越了贫困的概念，不仅限于物质匮乏，而且在社会层面上也更容易遭受各种歧视和边缘化。虽然各个国家的具体情况有所不同，然而，不管处在哪个国家，弱势群体都可以大体上被定义为：由于其性别、种族、文化、语言、所从事的工作和所来自的家庭等原因，而在社会经济等各方面发展机会上受到限制的群体。拉美社会政策所涉及的弱势群体主要包括：贫穷妇女(特别是需要抚养子女的以及怀孕和哺乳期的贫困妇女)、处于各类社会风险中的儿童和青少年、农村人口和土著居民(这类人群除了贫困的风险外，还有被其他社会成员边缘化的风险)、老年人、被排除在劳动力市场之外的残疾人、受失业影响的青年人、在非正规部门就业的贫困人群，以及被排除在社保之外的人群。

二、扶贫政策类型

该部分总结了拉美地区的扶贫政策类型以及每一类型所遵循的主要行动方针，所属的相关政策、宏观方案或发展战略，以及每个类型或方案的总体目标。由于涉及的国家较多，该总结并没有囊括相关国家的所有政策，而是有针对性地总结最具代表性的和最有成效的方案。扶贫政策大体分为了五个方面：社会风险和弱势群体、社会福利、就业方案、社会投资基金、针对特定群体的方案。同时，在本章的最后对一些国家扶贫政策的案例和典范(哥伦比亚、尼加拉瓜、墨西哥)做了总结。

(一)社会风险和弱势群体

社会风险管理反映了社会中最弱势群体如何应对和减轻经济衰退或各种风险情况带来的不利影响。总的来说，经济衰退或其他危机使人们面临着收入突然下降或失业的风险，导致其生活水平大幅下降。这种恶化通常表现为基本商品和服务消费减少，对人力资本，特别是教育和卫生方面的投资减少，以及人口减少、辍学率上升等。根据社会风险来源的性质及其影响的后果，确定了至少五种具体的补救方案：失业救济金、紧急就业方案、社会保护和应急方案、直接社会援助和紧急社会援助。以下是在不同拉美国家实施的一些具体例子。

失业救济金：阿根廷实施了失业户主计划——只要户主失业，且该户有18岁以下子女或任何年龄残疾人，政府就会直接向该户发放救济金。此外，如果女户主、男户主的配偶或同居者怀孕且没有工作，也可以申请该救济金。该方案的目标是每月提供一定金额的帮助，以避免家庭在失去收入时面临生计上的困难。该方案一般会限制受助家庭只可以将该项补助用于就医和子女教育。此外，受益人会被邀请参加其他正规教育或培训课程，以帮助他们未来重返工作岗位。

紧急就业方案：拉美多个国家都制订了紧急就业方案，目标都是帮助减轻经济衰退和失业对最弱势群体的影响，以及他们因失去收入而遇到的困难。所以，可以暂时雇用不熟练的劳动力，以发展劳动密集型的社会公益项目。例如，墨西哥制订了这样的紧急就业方案：该方案通过大量使用失业劳动力，在边缘化农村地区恢复和改善基本生产生活所需的基础设施。该方案采取的行动为受益人创造了就业机会，从而创造了收入。为了防止该方案影响到正规劳动力市场，政府也不阻止在该方案的受益人群中寻找永久性工作，该方案规定每天的工资相当于居民地区最低工资的 90%。

社会保护与应急方案：在严重的经济危机时期，有必要支持最弱势群体，以确保他们获得食物，使他们能够在身体健康的情况下生活。例如，阿根廷的社会发展和环境部出台了粮食紧急方案。该方案由国家预算提供资金，旨在使社会弱势群体、面临生存风险的人口能够获得持续和充分的粮食。在全国范围内，该方案的目标人口是 18 岁以下儿童、收入不超过贫困线的家庭以及孕妇、60 岁以上没有社会保障的成年人和残疾人。该方案主要包括直接的粮食资助。考虑到各省的具体情况(人口及贫困率)，该部门将粮食直接运送到每个省。各省自主执行该方案，将粮食资源用于补充或加强现有的粮食储备，并直接通过下属的各市或其他部门进行粮食的分发。最后，受益人直接获取补助的粮食或用类似于粮票的兑换券换取指定粮食。

直接社会援助：在大多数拉美国家，中央和地方各级政府都有相应机构为最贫困和最弱势的群体提供直接的社会援助。这类援助通常包括直接资金补助或物资补助(如药品、粮食、医疗、临时住所等)。例如以下的两个来自哥斯达黎加和智利的方案：(1)临时家庭津贴(哥斯达黎加)。作为对社会弱势家庭的支持，该方案旨在暂时补助贫困家庭的收入，以满足他们的基本需要，如食物、房租、医疗、衣物、家庭基本用品等。(2)饮用水服务补贴(智利)。包括国家每月为家庭贫困的永久居民提供 15000 升的免费饮用水。具体由各地区根据自身情况制定实施细节并选择符合条件的家庭。

紧急社会援助：自然灾害和气候变化往往会严重影响到最弱势群体的生计。近年来，尼加拉瓜经历了一系列自然灾害，例如，飓风、该国西南部的地震、长期的干旱和大西洋沿岸的洪水等。这些冲击导致其大量基础设施被毁，近 20 万名中小型生产者失去了基本的粮食收成。此外，国际咖啡价格的下跌导致许多咖啡农场倒闭，从而使大量劳工失去了工作和收入。该国制定了相关政策，对在自然灾害中受损严重的中小企业和个人根据受损规模提供资金上的帮助，使他们能尽快渡过难关。

(二)社会福利

社会福利在这里是指国家向没有足够收入以保持最基本的生活条件的人提供的支持。相关福利政策主要是通过补贴直接或间接、有条件或无条件地发放现金或物资，如学校免费就餐或家庭口粮等。在大多数情况下，这些资助是国家集中管理的社会保障福利，用于被排除在现行社会保障制度之外的群体，包括不能自理的人、失业者、老年人、寡妇、孤儿等。针对这一群体，相关福利机构还会为没有社保的人提供初级的健康保健。具体来说，社会福利是在以下方面提供补贴的方案：无条件发放现金、有条件发放现金、发放食物和其他物资。以下为各种方案在各国的一些典型案例。

无条件现金发放：自20世纪末以来，厄瓜多尔政府启动了团结债券方案，以确保人口中最贫穷的人群达到一定的最低消费水平，并在不同地区提供不同种类的其他消费补贴。该方案包括每月直接无条件地发放现金，目标群体是至少有一个18岁以下子女的单身母亲、没有加入厄瓜多尔社会保障体系的65岁以上的老年人，以及致残率在70%以上的人，但条件是他们每月无固定工资，且家庭收入不超过40美元。补贴金额是灵活的，根据预算的多少和覆盖目标每年进行调整，并对受益人进行区分，如某地区的老年人和残疾人每月发放的现金约为7美元，而发放给单身母亲的约为12美元。发放方式是通过该国20家私人银行或国家开发银行的网点进行的。参与该方案的人每年都需要重新审核资格，以确保方案的公平性。

有条件现金发放：墨西哥实施了教育、卫生和粮食方案Progresa(进步)，2002年改名为Oportunidades(机会)。该方案旨在帮扶最贫穷的家庭并鼓励农村居民对教育进行投资，方案的重点是减少营养不良、儿童死亡率和适龄儿童辍学的问题。为此，这两项行动方案主要是通过教育和粮食奖学金的名义有条件地对目标人口发放补助。具体来说，该方案向有18岁以下以及在小学三年级至中学三年级之间学习的学生家庭提供奖学金，其中包括现金补贴，条件是至少达到85%的出勤率。奖学金的设计考虑到不同学生的家庭背景，同时，给女生的奖学金比给男生的多，每个家庭每月可以获得的教育奖学金的最高限额根据所在地区和家庭情况不同而有所浮动，一般是30美元左右。此外，这一奖学金还向受助的学生提供学习用品和书籍，以及各类在线学习资源。

粮食发放：粮食发放通常旨在满足最弱势群体的食物需求，以避免该群体营养不足，重点服务对象是孕妇和婴儿、学龄儿童，以及老年人。因此，在大多数拉美国家中，根据各自的预算和当地所种植农作物，向这类群体提供粮食和营养的补充。对于怀孕、哺乳和6岁以下儿童的母亲，通常是每个月提供牛奶和谷物、食用油和大豆等基本粮食。在各国中，哥伦比亚的方案较为成功：对于上学的未成年人，学校对相关学生提供免费的营养三餐，保证营养均衡；对于老年人来说，资助通常是在社区食堂依据老年人补充营养方案提供免费食物。对受惠人群实行年度审查，以确保方案的公平性。

其他物资的发放：在针对贫困人口的扶持方案中，对其他物资的发放也较为广泛，特别是在教育领域中，在各国的相关方案中，往往会采用补贴学费、奖学金或各类用品的方式。例如，委内瑞拉有一项提供校服和学习用品的方案，即每年提供一笔直接补贴，其中包括各类学习用品和服装，以改善贫困儿童的学习生活条件。这一福利仅发放给最贫穷的家庭，每个家庭最多有三名受助儿童。类似的方案在智利等国也有，该国通过学习用品方案，向公立和私立学校来自贫困家庭的学生提供一整年的学习用品，直至完成学业，同时还会给品学兼优的学生颁发奖学金。

(三)就业方案

与传统的社会帮扶方案不同，这一类别主要是通过寻求提高贫困家庭未来创收能力或受雇可能性，以到达脱贫的目的，从而深化社会包容度与和谐度。这一类方案包括一系列旨在通过创造永久性就业机会、扶持小微企业和自营职业，从而为贫困群体和处在正规劳动力市场之外的人群创造就业机会和收入，使非正规部门的未充分就业者所从事的工作正规化，使被排除在正规教育系统之外的人能够就业，并获得职业技能和资格。同样，这类方案还包括向失业工人提供补助，如救济金和失业保险等，以帮助他们重返工作岗位。

公共就业计划：在公共就业方面，智利的促进就业方案是一个很好的例子，该方案于21世纪初诞生，是应对该国失业率上升的措施之一。与其他就业方案不同，新的方案有三条路线，其中只有一条是向非熟练劳动力提供临时工作；其他两条主要针对的是熟练工，向他们提供资助，并通过培训和参与各类项目来促进失业工人的就业融合。这主要适用于在市政就业办公室登记的失业工人，优先考虑失业的户主，尤其是女户主。该方案覆盖全国，重点是失业和贫困度最高的地区。方案的两个核心是培训资助和就业能力提升：(1)培训资助：有针对性地对各类工种进行补贴，以降低私营部门雇主的招聘成本。补贴额度为每名被雇用的失业工人月工资的40%，最多补贴4个月，同时向每名工人一次性补贴约80美元，以支付他们在工作技能方面的培训费用。(2)就业能力提升：为了提高失业户主尤其是女户主的就业能力，以便她们尽快重新走上工作岗位，该方案免除培训所需费用，同时，对于有创业需求的户主，提供一定的创业启动资金。该资助的期限不少于3个月，不多于5个月。

职业资质：职业资质和水平本身并不会直接创造就业来源，但却是提高劳动力整体素质的一个不可或缺的组成部分。更高的职业资质意味着工人更高的职业技能和更高的生产力，从而提高市场对工作的认可，也有助于劳动者提高自身的地位、增加当前的收入。拉美各国都有较为完善的劳工和收入政策，其中心目标是改善就业门槛和福利，并通过开展各类培训和职业资格鉴定来保护劳动者以及失业者。有的国家甚至提供终身职业教育，以减少适龄劳动力人口的失业和就业不足，提高生产力和竞争力，从而最终达到减少贫困和社会不平等的目标。为了实现这一目标，各国相关政策的重点是两类目标人群：(1)弱势群体：失业者和有永久或暂时失业风险的人、企业家，以及非正规部门和自营职业部门的工人。此外，各国在制定政策时，往往还优先照顾妇女、少数族裔、残疾人、老年人、青年人，和受教育程度较低的成人。(2)战略群体：主要是指对可持续发展至关重要的部门的劳动者，特别是各个地方或区域急需的人才，以及在各地重点行业和优先行业工作的劳动者。

获得小额信贷支持创业：小额信贷项目在包括智利、哥斯达黎加、墨西哥和玻利维亚在内的几乎所有的拉美国家开展。墨西哥的项目是一个典型，该项目旨在通过促进个人、家庭和社会群体的生产、自由职业和创业，鼓励多样化就业，并制定相关项目，使所有人都能够提高收入水平，提高消费和储蓄水平，从而发展和增加个人、家庭和社会群体在各方面的机会，使他们能够享受更大的福利。该计划通过四种途径和方式，向受惠人群提供资源，使他们获得信贷，并利用各地各人的优势，协助创造自由职业机会。具体的途径和方式为：(1)重点关注希望发展生产和自由职业的家庭或社会团体，由于这些项目无法进入正规信贷市场，所以每个成员最多可获得1000美元的贷款，每个项目最多可获得8000美元的贷款，这些贷款必须在三年内还清，在申请之前，贷款人或团体必须以现金或实物的形式提供至少10%的贷款金额。(2)创立针对贫困农村地区妇女的专门项目。这些项目为有创业打算的妇女提供专项贷款。每个项目的最高贷款金额约为5000美元，需要受益人以现金或实物形式至少提供项目总成本的6%。(3)为处在初始阶段的家庭或团体生产项目提供技术支持和培训，以促进其运营和管理。信贷的最高额度为该生产项目总投资额的30%。(4)对较为落后的农村地区，实行专项项目，以扶持当地农民，并支持他们创业，实现当地经济多样化。该项目通过国家储蓄和信贷系统为当地个人或集体提供贷款，这些项目最多可三年还款。最高提供金额约为每公顷50美元，每个生产者的上限为20公顷。

(四)社会投资基金

作为维护社会稳定和发展的一项机制，拉美多个国家在20世纪80年代起就设立了社会投资基金。虽然这项机制最初是一种相对临时的工具，但由于考虑到受益人可以长期从中受益并对个人和国家的发展做贡献，所以该机制被视为社会政策的一项重要创新，因此已逐渐演变成一项长期的机制。因其在行动方针上具有灵活性，而且对弱势地区和人口的脱贫作用明显，多年的实践已证明社会投资基金是一种有效的工具。该机制在阿根廷和智利运作得尤其成功，具体如下：

阿根廷的社会投资基金成立于20世纪90年代，是一个灵活而透明的机制，用于管理极端贫困社区和人群的各种资金需求。该基金涵盖了阿根廷主要贫困地区的各方面特点，体现了现行扶贫政策的主要动态，促进了各地社区积极解决贫困户的主要困难，并向最需要帮助的社区和人群提供最合理的资助。多年以来，该基金解决了贫困社区和地方的各种问题，如建造厕所和其他基本卫生设施、修建小型供水系统、设立社区活动中心、推动社区各项技能的培训等。当这类基础设施方面的缺失已逐步填补完成后，该基金把更多的力量投入到了该国粮食紧急方案的实施中。例如，最近几年中，有高达90%的资金都用于贫困群体的粮食补助。同时，该基金在全国范围内为贫困地区的社区食堂提供技术和资金支持，以保障贫困人口在粮食和营养方面最基本的需求得到满足。

智利的社会投资基金也成立于20世纪90年代，该基金是对传统国家服务部门在扶贫工作上的补充，在更广泛的领域上与前者起到相辅相成的作用。该基金的主要目标是提升贫困人群各方面的能力，特别是就业能力，并在他们的居住地提供更多的机会，以提高他们的生活质量、促进他们的社会融合。因此，该基金与各地的市政府，以及相关社会组织和非政府组织协调联动，鼓励受益社区和人群的积极参与，并把以下几个方面作为工作重心：(1)在各地区较为贫困的社区开展基础设施工程建设，如：改善道路，修建社区活动中心，以及对较为贫困的家庭进行基础设施改善，如：住房、基本卫生设施、饮用水设施等。所有资金都由该基金提供。(2)通过支持小微企业和农村发展的方案，采取措施共同资助各地区较为贫困的社区和团体，包括基础设施、营销咨询、招商引资等。(3)制订社会发展方案，特别侧重于人口中最弱势的群体，对他们提供免费的就业培训、疾病预防、儿童教育，以及老年人护理等服务。

所有以上提到的福利都不是面向所有公众的，而是只有每个地区最为贫困和困难的群体才可以享受。相关的选择条件和门槛每年都会做适当调整，以达到更合理的资金使用和更理想的扶贫效果。该基金的广泛使用不仅使受益的社区和群体每年都有改善，而且基金本身也在不断进步，不断推出更合理的方案，使更多群体受益。现在该基金的工作重心之一是促进重返工作岗位的进程，通过工作技能培训坊等方案，向失业人口提供三个月到半年的免费课程，以强化其基础教育、完善其专业教育，同时，受益人也会得到一笔奖学金，以及重返工作岗位的指导。选择自营职业的受益人会得到专业的创业培训和咨询。此外，通过该基金的自我管理项目和地方经济发展项目，各类扶贫项目执行期间消耗的基础设施、水电开销和人工成本等都会由基金承担部分或全部，基金同时也会协同行业专家提供专业方面的技术支持。

(五)针对特定群体的方案

拉美各国都有针对各类弱势群体的资助方案，以帮助他们尽快走出贫困，融入社会。其中许多方案都包括设立专门机构，以更好地帮扶相应的弱势群体；执行或协调其他相关部门机构的项目，以满足这些弱势群体的具体需求。各国的各类方案种类繁多、覆盖面广，主要包括以下几类群体：

1. 儿童

儿童的社会脆弱性历来是得到广泛承认的。拉美各国有一系列旨在满足儿童基本需求的方案，如：食品、卫生和教育等。因此，学校供餐方案作为一项预防性营养措施长期存在于各国的学校中。例如，在阿根廷，公立学校供餐方案自20世纪60年代以来就一直在运作，这类方案为在校的未成年人提供餐饮服务。同时，对于学龄前儿童，相关的扶助主要体现在妇幼保健方案中，该方案对儿童的健康状况进行有效监测，并通过疫苗接种来避免儿童染上可预防的疾病，此外，该方案还提供儿童出生后六个月内的母乳喂养促进计划，并提供每月的免费牛奶和一定数量的营养品。

2. 年轻人

在面向年轻人的社会方案方面，各国普遍关注的是如何促进他们融入劳动力市场，使他们远离非法活动。为此，方案的关注重点是素质发展和培训活动，例如获得高等教育、就业培训等。在有些国家，方案除了确保年轻人有足够的业余活动和发展空间，鼓励他们多为社会发展做贡献外，还为参加培训活动的年轻人每月提供奖学金。例如，在哥伦比亚，其青年行动方案帮助失业青年就业，强化义务教育，对已毕业的年轻人进行技能培训，并在各类对口公司开展针对年轻人的素质和技能培训。哥斯达黎加则通过儿童和青年发展方案，针对生活在贫困线以下，且年龄不超过24岁的年轻人，支付他们的各类教育和培训，以及社会和文化活动的合理开支。

3. 女户主

与照顾儿童的方案密切相关，大多数拉美国家将其方案的范围扩大到孕妇和哺乳期母亲的营养补助和医疗保健。此外，墨西哥和厄瓜多尔等国家还提供了分娩的专业护理，尤其是对于农村地区和相对弱势的妇女，从而降低婴儿死亡率和母婴发病率。在墨西哥，一项叫作平等启动的计划专注于降低产妇和新生儿死亡率，同时在怀孕期间对孕妇提供护理，确保分娩时得到专业医疗护理。婴儿出生后会检测出生时的代谢缺陷，并为婴幼儿接种疫苗，以提高儿童的免疫覆盖率，并将80%的2岁以下儿童纳入综合护理系统。厄瓜多尔也有一项类似的计划，其目的是确保弱势妇女的生殖健康和分娩的安全，以及提供用于新生儿和儿童护理的补助。同时，该计划也提供一系列医疗和护理服务，包括产前检查、分娩、计划生育、产后恢复、婴幼儿护理等福利，以降低弱势人群的婴儿死亡率和母婴发病率。

4. 老年人

随着预期寿命的增加，以及生活水平的提高，拉美各国的老年人人口在近几十年普遍大幅增加。但很多老年人，特别是孤寡老人，缺乏足够的收入来维持生计，所以各国都推出了保障老年人社会权利的具体方案，并为促进老年人生活水平的提高、更好地融合社会创造条件。在这方面，哥伦比亚制订了老年人综合护理方案，旨在改善65岁以上因没有养老金或养老金不足而处于贫困状态的老年人的生活条件。此外，该方案受益人群还包括50岁以上身体或精神有疾病的成年人以及50岁以上无收入的土著居民。该方案确保其受益者获得所承诺的基本服务，如通过提供免费社区食堂和口粮来满足受益者在食物方面的需求、通过支付租金或提供免费个人或集体房间来满足受益者在住宿方面的需求、通过资助医疗服务或提供基本药物来满足受益者的医疗保健方面的需求。

三、财政政策对不平等的影响

拉美地区历来是世界上贫富分化最为严重的地区之一。尽管21世纪以来收入不平等的现象有所改善，但拉美仍然是世界上不平等程度最高的地区之一。目前，拉美国家的平均基尼系数约为0.5，而发达国家的平均值约为0.3，南亚和东亚国家为0.3~0.4，撒哈拉以南非洲地区为0.4~0.5。虽然世界其他地区的不平等程度往往远低于拉美，但在发达国家，这在很大程度上要归功于财政和税收再分配。欧盟的高税率和养老金制度使得基尼系数下降明显。美国也是，但下降的幅度不如欧盟。所以如果拉美也能更好地发挥财政政策，更合理地进行财政再分配，基尼系数必然会有所下降。

阿根廷、乌拉圭和巴西等国是通过税收和养老金等手段对财政再分配最多的拉美国家。洪都拉斯、危地马拉和哥伦比亚等国，是再分配最少的拉美国家。尽管巴西进行了更多的再分配，但不平等程度仍然很高。同时，尽管巴西、洪都拉斯和哥伦比亚的不平等程度相似，但巴西的资源再分配程度远高于其他两个国家。同样，玻利维亚、智利、哥斯达黎加、多米尼加共和国、危地马拉、墨西哥、秘鲁和乌拉圭等国的不平等程度相似，但在智利和乌拉圭，税收和养老金等的再分配程度要高得多，而墨西哥的再分配程度要低得多。此外，当考虑到间接税收收和补贴的影响时，阿根廷、玻利维亚、危地马拉和乌拉圭的收入不平等现象依然严重。就玻利维亚而言，其间接税收的影响几乎抵消了税收等对减少收入差距所起的作用。

从整个税收体系来看，直接和间接税收、间接补贴以及卫生和教育等的支出越大，收入不平等的降低则越明显。如果将养老金考虑在内，最终对基尼系数下降的平均值可达到约为 7 个百分点。然而，收入最不平等的拉美国家往往并没有进行太多的财政再分配，如玻利维亚、哥伦比亚、多米尼加共和国、萨尔瓦多、危地马拉、洪都拉斯、尼加拉瓜、秘鲁和委内瑞拉和厄瓜多尔等国。这些国家的财政再分配做得还很不够，低于拉美的平均水平。同时，在估算社会支出在国内生产总值占比时，拉美各国差别也较大。例如，阿根廷、玻利维亚、巴西、哥斯达黎加、乌拉圭和委内瑞拉的社会支出的投入高于拉美平均水平，而其他国家的投入则低于平均水平。阿根廷和巴西是社会支出投入比例最高的国家，而危地马拉和洪都拉斯则是最低的。换句话说，在很大程度上，阿根廷和巴西等国在财政再分配方面表现得最好，其他在这方面表现得较好的国家还包括乌拉圭、哥斯达黎加、智利、墨西哥等。

将国内生产总值的更大比例用于社会支出的国家进行了更多的再分配。考虑到支出水平，阿根廷的再分配效应大于预期，而玻利维亚和委内瑞拉由于支出水平相对较小，他们再分配效应也较小。在类似甚至更低的支出水平中观察到的再分配效应的差异表明，还有其他因素决定了社会支出规模以外的再分配效应，例如，支出的组成和重点。需要强调的是，更多的财政再分配不一定是一个对所有国家都适用的策略。例如，阿根廷和巴西的支出和税收水平如此之高，虽然对减少贫富分化很有效果，但从财政角度来看可能是不可持续的。所以，各国就需要处理这一悖论，究竟是大手笔多支出，短时间内快速改善贫困状况，还是在确保财政可持续的基础上，细水长流，逐步改善。

四、财政政策对贫困的影响

根据世界银行的研究，财政政策有效减少了阿根廷、巴西、智利、哥伦比亚、哥斯达黎加、多米尼加共和国、厄瓜多尔、萨尔瓦多、墨西哥、秘鲁、乌拉圭和委内瑞拉等12个国家的极端贫困状况。然而，对于玻利维亚、危地马拉、洪都拉斯和尼加拉瓜，财政政策似乎作用有限。在这些国家，虽然直接和间接的税收，以及各种补贴可以在一定程度上缓解收入不平等的状况，但对解决极端贫困的效果在短期内不是很显著。

此外，虽然贫困率和不平等程度都有所改善，但从新的财政贫困措施可以看出，在巴西和墨西哥，根据所在国新的贫困标准，总人口中约有三分之一被划分为贫困人口；在玻利维亚和危地马拉等国，这一贫困比例达到了近三分之二。虽然可以认为，各国的财政政策普遍可以使贫困的穷人获得免费的教育和医疗保健，但财政政策在一些地区似乎难以遏制贫困进一步恶化的趋势。穷人虽然可以在教育和医疗保健等权利上得到保障，但他们对粮食和其他基本商品的消费水平可能继续低于甚至远低于各国设立的最低水平。

除了了解各国财政政策给贫困人口的福利外，同时还需要了解贫困人口对国家财政的贡献，即纳税。各国的个人所得税起征点不同，这就意味着在有些国家即使是处在贫困线以下的人群也需要缴纳个人所得税。个税起征点较低的拉美国家包括阿根廷、哥斯达黎加、萨尔瓦多、危地马拉、尼加拉瓜和秘鲁等国。这些国家普遍需要日均收入在贫困线上下徘徊的弱势群体缴纳个人所得税。除厄瓜多尔等少数国家外，其余拉美国家的弱势群体或多或少都要缴一部分税。当然，如果将养老金等其他补助视为收入的话，需要缴纳的税在大部分情况下就会被抵消。然而，需要注意的是，很多弱势群体并没有养老金或其他补助，所以理论上依然是当地财政的贡献者而非真正的受益者。

五、社会公共支出

各国在社会公共支出方面的重点是国家收入的再分配。各国将其作为消除贫困的重要机制，通过履行一系列针对低收入人口的社会方案和政策，以满足弱势群体基本生活需求的支出，从而提高人民生活水平。

社会支出的实现是通过各领域的方案实现的，这些方案对社会问题产生了积极影响，提高了人民的生活质量和社会福利，增进了平等，促进了贫困率的降低。

从理论上讲，社会公共支出与贫困率的降低应该呈正相关，也就是说，社会公共支出的越多，贫困率降低得越多。然而，实际上，拉美各国发现，随着公共支出的增加，贫困率在短期内确实降低了，收入不平等的程度也有所缓解，同时消费者的需求也更加稳定。但是长期来看，过多的、长期的社会援助方案往往会产生更高的贫困率，因为过度的社会支出必然会影响经济增长，从而使得这样的支出不具有可持续性。

拉丁美洲的贫困率常年处在高位，在过去的几年间，根据联合国的数据，贫困人口的比例从 2015 年的 29.1%增加到 2019 年的 30.5%和 2020 年的 33.7%。在最近的几年中，拉美贫困人口的比例相对保持稳定，接近 1.9 亿人。但如果把范围拉到 1990 年，从 1990 年到 2020 年的这 30 年间，拉美总体的贫困率还是处在下降趋势的。1990 年拉美的平均贫困率为 51.2%，2000 年为 43.9%，而到了 2010 年这一数据已经降到了 31.6%，虽然在 2020 年由于新冠肺炎疫情等因素的影响，贫困率又有所上升，达到了 33.7%。按国家来看，在拉美各国中，乌拉圭的贫困率最低，贫困人口仅占人口总数的约 2%，而洪都拉斯的贫困率则超过了 50%，是拉丁美洲最贫穷的国家之一。

拉美各国政府实施的社会支出方案和项目旨在减少贫困，并通过上文提到的各种政策满足贫困人口基本的生存需求。然而，这些政策虽然初衷很好，但可能存在着结构薄弱和不可持续等问题。同时，受到资助的弱势群体也有可能因养成对社会援助的依赖而不愿寻找工作自食其力。

具体来说，拉美国家普遍缺乏强有力的领导机构来保护社会支出政策，加上本国的债务、失业率、公共赤字和外国直接投资等方面不尽如人意的表现，这些都可能进一步减少社会支出在总支出中的比例。拉丁美洲和加勒比经济委员会的数据显示，拉美国家中央政府的社会公共支出增加有限，在最近几年平均达到国内生产总值的 11%左右，在 2000 年和 2017

年期间，社会公共支出增长了约 2%。社会公共支出在国内生产总值中占比最低的国家包括厄瓜多尔、巴拉圭和多米尼加共和国，这几个国家的数字约为 7%，显著低于拉美地区的平均值。而社会公共支出最高的国家是智利，达到了 14%，乌拉圭的支出也很高，达到了约 13%。然而，社会公共支出的增加在很多国家造成了大量债务，从而影响了本国的经济增长，所以在一定程度上阻碍了脱贫目标的实现。

第三节　中国的脱贫攻坚

中国是全世界最大的发展中国家，也是全世界人口最多的国家。中国减贫脱贫的进程和成果，关系着全人类减贫脱贫的成败。1978 年改革开放以来，按现行贫困标准来计算，中国 7.7 亿的农村贫困人口摆脱贫困，按照世界银行设立的国际贫困标准，中国减贫脱贫人口占同期全球脱贫人口的 70%以上。中国提前 10 年实现《联合国 2030 年可持续发展议程》中的减贫目标，赢得了国际社会的广泛赞誉，为全球的脱贫事业做出了重大贡献。

在减贫脱贫速度上，中国明显高于全球；在减贫脱贫数量上，中国也是世界第一。在减贫过程中，中国完善了世界上规模最大的教育、社保、医疗体系。中国在减贫脱贫中所取得的巨大成就，不仅直接推动了全球脱贫事业的进程，而且给全世界其他国家消除贫困带来了信心。2021 年 2 月，中国的脱贫攻坚战取得了全面胜利，多达 9899 万农村贫困人口全部实现脱贫，832 个贫困县和 12.8 万个贫困村全部摘帽，区域性整体贫困得到了妥善解决，出色地完成了消除绝对贫困的艰巨任务，绝对贫困问题得到历史性的解决，人民的生活水平得到了显著的提高。

中国的脱贫攻坚战，向世界贡献了精准扶贫、精准脱贫等中国方案，为广大发展中国家的减贫脱贫实践提供了重要参考。中国走出了一条符合自身实际情况的成功脱贫之路。精准扶贫、精准脱贫，就是要找到贫困的根源，对症下药。中国构建省市县乡村五级层层落实脱贫责任制，注重抓六个精准，即资金使用精准、项目安排精准、扶持对象精准、措施到户精准、因村派人精准、脱贫成效精准。同时，坚持分类施策，即因贫困原因施策，因人因地施策，因贫困类型施策，并抓好五个一批，即通过教育扶贫脱贫一批、通过生态保护脱贫一批、通过扶持生产和就业发展一批、通过易地搬迁安置一批、通过低保政策兜底一批。广泛动员社会积极力量，支持全社会采取灵活多样的方式参与到减贫脱贫工作中，实现精准扶贫。

中国的精准扶贫有效解决了扶持谁、谁来扶、如何扶等问题，通过强调“智”“志”双扶，充分激发出贫困户脱贫的内生力量，从而最大限度减少返贫的发生。精准扶贫的方略不仅对中国的脱贫事业具有很强的针对性，对于国际扶贫理论的创新，对于推动发展中国家尽快减贫脱贫，也都有重要的参考和借鉴价值。在中国的扶贫进程中，互联网、大数据等先进技术被巧妙运用到了扶贫工作中。借助大数据等技术，中国在精准定位贫困人口、精准制定帮扶措施、贫困人群特征分析、扶贫效果评估等方面提升了工作效率和效果。联合国秘书长古特雷斯表示，精准扶贫方略是帮助贫困人口、实现2030年可持续发展议程设定的目标的重要途径，中国的经验可以为其他发展中国家提供有益参考和借鉴。对于包括拉美在内的大部分国家来说，中国的成功经验虽然难以复制，但诸如精准扶贫等理念在实际的脱贫工作中可以加以推广，以助力实现更有针对性、更为高效的脱贫效果。

一、脱贫攻坚的中国方案

中国之所以能在精准扶贫和精准脱贫上取得巨大成功，一个重要因素是具有一个行之有效的脱贫攻坚的中国方案。

一是中国共产党领导，建立了党政一把手的扶贫工作责任制。脱贫攻坚的任务艰巨，坚持党对脱贫攻坚的全面领导，才能确保脱贫攻坚的各项工作落到实处。脱贫攻坚战是中国全面建成小康社会的三大攻坚战之一，也是实现中国共产党第一个百年奋斗目标的战略任务。各级政府都成立了专门负责扶贫工作小组，明确责任，建立了党政一把手的扶贫工作责任制。同时，通过加强农村基层党组织的建设，保证扶贫攻坚各项措施精准落实到贫困人群；通过加强扶贫人员队伍的建设，提高扶贫开发的水平；通过加强扶贫开发的监测和扶贫资金的审计，提高扶贫的精准性和资金的使用效率，让扶贫工作更有成效。

二是政府主导，将脱贫攻坚整体纳入国家总体发展战略。脱贫攻坚是一项前无古人的庞大的系统工程，中国政府始终高度重视，进行周密的顶层设计，精心设计，精准发力。中国政府将脱贫攻坚纳入国家总体发展战略中，将其提升到全面建成小康社会和实现第一个百年奋斗目标的高度，并将其纳入“五位一体”的总体布局和“四个全面”的战略布局。2015 年 11 月，中共中央、国务院发布了《中共中央国务院关于打赢脱贫攻坚战的决定》。2016 年 3 月，《中华人民共和国国民经济和社会发展第十三个五年规划纲要》颁布，其制定了到 2020 年实现贫困人口“两不愁三保障”和确保现行标准下农村贫困人口实现脱贫，贫困县贫困村全部摘帽，解决区域性整体贫困的目标。在制定长期减贫脱贫规划、确定年度减贫具体目标的同时，政府还根据不同阶段、不同时期的特点，及时发布脱贫攻坚方面的政策文件，开展专项扶贫行动，针对特定人群(妇女、儿童、残疾人、少数民族等)实施特定的发展规划，帮助他们早日脱贫。

三是社会参与，构建起了政府、社会、市场协同推进的减贫脱贫大格局。中国是全世界最大的发展中国家，贫困人口多，贫困原因复杂，脱贫攻坚涉及政治、经济、医疗、文化、教育、生态等多层面、多方位、多系统，所以必须立足国情现实，多管齐下、上下联动，才能取得实际成效。中国脱贫攻坚方案的一个典型特征，就是充分发挥中国特色社会主义在制度上的优势，动员全社会积极参与，构建政府、社会、市场协同推进的脱贫攻坚大格局，形成了跨地区、跨部门、多主体、多渠道、全社会共同参与的脱贫攻坚体系，充分凝聚各方力量和优势，对脱贫攻坚的资金多渠道筹措，对脱贫攻坚的人才多方调配。同时，政府积极实施东西帮扶，结合西部大开发战略，东部地区对口帮扶西部地区，促进区域协调发展，缩小东部与中西部的社会经济发展差距。希望工程、光彩事业等都是社会多方力量参与脱贫攻坚的典范，值得在国际范围内更大的推广。

四是激发脱贫攻坚对象的内生动力。脱贫攻坚最关键的是人，要充分调动脱贫攻坚对象的积极性，以激发脱贫攻坚对象的内生动力，才能取得长久的成效。脱贫攻坚中国方案的重要特点是把发展作为脱贫的根本途径，将"扶志、扶智、扶技"的"三扶"方案作为激发脱贫内生动力的重要着力点，从单纯的直接给钱给物转变为"扶志、扶智、扶技"，从单纯的物质扶贫转变为物质与技术扶贫相结合，充分调动脱贫攻坚对象的积极性，发挥其主体作用，提高其发展能力，从而更快达到脱贫的目标。

二、中国脱贫攻坚的成绩

(一)农村贫困人口全部脱贫，如期打赢脱贫攻坚战

中国以前所未有的力度推进脱贫攻坚，特别重视极端贫困地区和特殊贫困群体，优化政策供给。2020年，现行标准下的农村贫困人口已全部脱贫，区域性整体贫困得到解决，为世界的减贫脱贫事业贡献了中国力量，也提振了其他国家脱贫的信心。

1. 农村贫困人口全部如期脱贫

根据国务院扶贫办的数据，从2013年到2020年，中国全国农村贫困人口累计减少9899万人，年均减少1237万人，贫困发生率年均下降了1.3个百分点。2020年新冠肺炎疫情后，各地区按照决策部署，有序组织贫困劳动力外出务工，开展消费扶贫行动，落实基本生活保障，年初剩余的500多万农村贫困人口全部脱贫，圆满完成了消除绝对贫困的艰巨任务。贫困人口收入水平得到了显著的提高，"两不愁三保障"也全面实现。中西部各省、自治区、直辖市原先的贫困户全面实现食宿、教育、医疗等方面安全有保障，饮用水安全也得到了保障。

2. 中国的脱贫攻坚为世界减贫脱贫做出了重要贡献

中国对全球减贫脱贫贡献率超过七成。按照世界银行每人每天1.9美元的国际贫困标准来计算，改革开放以来，中国减贫人口占同期全球减贫

人口的70%以上。根据世界银行的数据，中国的贫困发生率从1981年的88.3%下降到2016年的0.5%，累计下降了87.8个百分点，35年的年均下降率为2.5个百分点，而同期全球贫困发生率从42.7%下降到9.7%，累计下降了33个百分点，年均下降0.9个百分点，所以可以看出中国的脱贫速度明显快于全球平均水平，贫困发生率也远远低于全球平均水平。中国助力提高全球减贫治理成效显著，为全球减贫脱贫提供了中国经验和中国方案。联合国秘书长古特雷斯指出，中国取得的重大脱贫成就为整个国际社会带来了希望，提供了激励，这一成就证明：政府的承诺和政策的稳定对改善最贫困和最脆弱人群的境况是至关重要的。中国不仅直接贡献于世界减贫脱贫事业，同时也积极支持其他发展中国家的减贫脱贫事业，积极参与各类国际减贫合作项目，开展多种形式的扶贫经验分享，积极助力包括拉美在内的其他发展中国家加快减贫的步伐。

(二)贫困地区居民收入持续较快增长，生活水平不断提高

贫困地区农村居民收入持续增长：根据国家统计局的数据，2020年贫困地区农村居民人均可支配收入为12588元，从2013年到2020年的年均增长率为11.6%，比全国农村年均增长率快2.3个百分点；扣除价格因素等，实际年均增长率为9.2%，比全国农村年均实际增长率快2.2个百分点。特别是2020年，面对新冠肺炎疫情的冲击，各地采取有效措施，努力稳定贫困劳动力的就业，尽力解决贫困地区农产品滞销的问题，帮助贫困户稳定增收，全年贫困地区农村居民收入平稳增长，人均可支配收入达到全国农村平均水平的73.5%，比2012年提高了11.4个百分点，与其他地区的差距进一步缩小。

1. 贫困地区基础设施持续完善

国家脱贫攻坚结果显示，贫困地区中，已通硬化路的村比重为99.6%，通动力电的村比重为99.3%，通信信号覆盖到的村比重为99.9%，通互联网的村比重为99.6%，广播电视信号覆盖的村比重为99.9%，拥有村级综合服务设施的行政村比重为99.0%；有电子商务配送站点的村比重

为62.7%。

2. 贫困地区教育文化设施及水平提升

贫困地区有小学的乡镇比重为98.5%，目前所有的县均有初中，有初中的乡镇比重为70.3%，有寄宿制学校的乡镇比重为94.1%。非义务教育方面，贫困地区拥有中等职业教育学校的县比重为82.4%，有职业技能培训机构的县比重为84.5%，有技工院校的县比重为18.7%。文化服务进一步完善，有图书馆的县比重为98.1%，有综合文化站的县比重为99.4%。

3. 贫困地区医疗卫生服务体系不断完善

医疗卫生服务能力全面提升，实现贫困人口就医有医院、有医生、有医疗保险的保障，看病难、看病贵的问题有效得到解决。国家脱贫攻坚结果显示，贫困人口所在辖区县、乡、村三级医疗卫生服务体系较为健全。贫困地区中，至少有一所县级公立医院的县比重为99.8%，其他县符合基本医疗有保障的标准。所在乡镇有卫生院的村比重为99.8%，所在乡镇卫生院服务能力达标的村比重为98.9%。有卫生室的村比重为96.3%，卫生室服务能力达标的村比重为95.3%。

三、中国脱贫攻坚对世界的贡献

消除贫困是人类共同面临的严峻挑战。在消除贫困的艰难过程中，世界各国根据本国的国情和文化，很多国家已形成了具有自身特色的扶贫方案。中国作为全世界最大的发展中国家，积极动员全社会力量，实施全方位立体式的脱贫攻坚战略，为全世界消除贫困的伟大事业做出了杰出的贡献，形成了脱贫攻坚的中国方案，走出了减贫脱贫的中国道路。中国成为了世界上脱贫人口最多的国家，成为减贫脱贫的典范、全球减贫的主要贡献者。中国作为世界上人口最多的发展中国家，消除绝对贫困的意义远超出中国自身，是为人类文明发展和进步做出的巨大贡献。其意义主要为：

第一，中国为7.5亿人消除了绝对贫困，贫困人口大幅减少，贫困发生率显著下降，贫困地区农民生活水平和基础设施条件明显改善，各项社会事业得到较快发展，义务教育水平明显提高，医疗卫生条件显著改善、基本实现小病不出村、大病不出县，社会保障方面的投入不断加大，社会保障制度不断优化，社会保障水平不断提高，解决了长期困扰这个人口大国的贫困问题，实现了中国人民达到小康生活水平的伟大梦想，对世界其他国家脱贫起到了极大的鼓舞。

第二，中国脱贫攻坚的成功实践以及形成的中国道路和中国方案，为世界其他国家特别是发展中国家减贫脱贫提供了宝贵的经验，为广大发展中国家的减贫脱贫工作提供了大量实例。即使这些实例无法直接套用，至少某些具体的做法可以在当地的脱贫工作中作为借鉴和参考。

第三，中国脱贫攻坚的成果直接惠及了世界。消除贫困是全人类的共同使命，也是世界各国特别是发展中国家的发展目标。中国有效消除了绝对贫困，就可以在自己力所能及的范围内援助其他发展中国家。中国已向166个国家和国际组织提供了近4000亿元人民币的援助，派遣了60多万援助人员，7次宣布无条件免除最不发达国家到期政府无息贷款债务，向拉美和加勒比地区、亚洲、非洲和大洋洲的70余个国家提供医疗援助，为120多个发展中国家落实千年发展目标提供各类帮助。中国通过“一带一路”倡议，让减贫合作的成果惠及更多的国家和人民，充分考虑受援国老百姓的需求，让受援国充分参与到脱贫合作项目中，助力更多的国家尽快实现脱贫目标，实现经济发展的跃进和人民生活水平的提高。

第四节　贫困的其他方面

一、基础设施

基础设施的建设和改善是各国脱贫工作的重点之一。只有改善了当地的道路、桥梁等基础设施，为当地经济的进一步发展创造了物质条件，脱贫的效果才能长久。优质的基础设施可以给当地带来长期的福祉，也会降低后期的维护成本，从而减少对其他经济活动的负面影响。世界经济论坛在其全球竞争力指数的框架内，制定了一项基础设施质量排名。排名中包括了绝大部分拉丁美洲国家。与发达国家相比，在基础设施的数量和质量方面，拉丁美洲远远落后于发达国家约60%。而且至少在中期内，这种情况几乎没有改善的迹象。例如，在高速公路、道路方面，与全球平均水平相比，拉丁美洲基础设施较为落后，只有智利和巴拿马的水平与发达国家较为接近，巴拉圭和委内瑞拉等国的水平则远低于发达国家。

在拉美，基础设施在政策上和建设中往往会遇到各种障碍，这就阻碍了通过基础设施投资实现更高水平增长和脱贫的作用。主要的障碍来自以下几点：(1)公众对基础设施政策的看法差异很大，使得很难在短时间内做出合理的决策；(2)政策执行和项目投标方面存在重大的体制和监管障碍；(3)基础设施投资的融资渠道有限；(4)国有和私立的合作关系有时较为复杂，影响到了工程的质量和运作。美洲开发银行的一项研究表明，假设拉美地区国内生产总值年均增长率3%，则该地区应保持国内生产总值5%左右的资金用于基础设的建设和维护，以满足未来几十年个人和企业的需求。同时，如果要达到与东亚国家相似的人均基础设施水平，同期基础设施投资应达到国内生产总值的8%左右。

拉美大部分国家基础设施的特点在20世纪80年代和90年代发生了变化，原因有两个：第一，主要银行中新经济理念的兴起，推动了政府的高效化和基于市场的战略从而实现经济增长；第二是环保主义的兴起，使得各国政府在进行基础设施建设时，更加注意对环境带来的影响。从20世纪90年代开始，基础设施投资将不再是单纯的条件改善和对大自然的征服；相反，基础设施已逐渐开始扮演一个微妙的角色，引导各国政府在改善当地生活条件的同时也尽量减少对大自然的干预，使得人与自然的关系能够更加和谐。所以近二十年来，基础设施一词的意思变得更加宽泛，除了指看得到摸得着的硬件以外，也可能指人力资本、法律法规或软件。各国的发展已不再强调单一的增长路线，而是开始引入了更开放的观点和路径。也就是说，如果最初对基础设施的理解主要是建立在一个钢筋水泥为核心的工业社会，那么现在对基础设施的理解则变得更加多元。

二、外国直接投资

21世纪以来，世界各国的外国直接投资(FDI)都大幅增长，拉美和加勒比地区也并非例外。进入21世纪第一个十年以来，进入拉美地区的外国直接投资流量创下了历史新高，这一增长趋势其实从20世纪90年代初就已经开始，在21世纪的第一个十年，资本已经开始稳定流入自然资源部门。近几年来，流入拉美和加勒比地区的外国直接投资相当于该地区GDP的4%左右，而全球平均水平为2.5%，证明了外国投资和跨国公司对拉美经济的重要性。

在过去几十年中，拉美对外国直接投资表现出了极大的开放态度。按照一般经济理论，外国直接投资的大量流入应该会对该地区的经济发展起到极大的支持。然而，与东亚等其他地区相比，拉美的情况却并非如此。东亚国家(如中国)普遍被认为是外国直接投资促进发展的成功范例，然而在拉美，外国直接投资促进增长的作用似乎并没有在促进脱贫和增进收入水平等方面完全体现出来。

这样的结果可以解释为：大多数拉美政府虽然对外国直接投资采取了开放和欢迎的态度，但在管制上却相对被动，没有对外国直接外资流入或跨国公司子公司的经营施加足够的控制。这一问题在20世纪90年代拉美地区私有化过程中尤其突出，当时，大量的外国直接投资流入集中于现有公司的合并和收购，而并没有创造新的公司和产业。拉美普遍缺乏适当的筛选程序，拉美地区外国直接投资的流入导致很多国内投资被排除在外。此外，缺乏监管和全面的发展规划导致了拉美地区全球化进程缓慢，比如在墨西哥，外国直接投资推动的出口成功并没有与国内经济产生联动联系。所以这些问题可能掩盖并大大削弱了拉美地区外国直接投资本应带来的经济发展红利。

拉美地区的研究尚未广泛探讨外国直接投资与减贫之间的关系，现有的一些研究也没有达成共识。一方面，有研究认为外国直接投资只会影响经济增长，而不会直接影响减贫；而另一方面，各国政府通常会假设外国直接投资有利于经济增长，那么自然也有利于减贫。但实际上，类似于前文所提到的公共支出与减贫的关系那样，这两者之间的关系也并非那么简单。

然而，外国直接投资与减贫之间的理论联系在一些研究中得到了一致阐述。具体来说，外国直接投资可以通过以下渠道影响减贫效果。

第一个渠道与跨国公司在当地设立子公司而扩大资本有关。这一过程伴随着创造就业机会和增加政府税收。就业机会的增加和政府税收的提高一般被认为是有利于减贫的。然而，如果没有适当的监管机构，外国直接投资的流入并不总会带来新资本的形成。相反，现有资本的所有权可能会转移给外国投资者，拉美各国的非国有化过程就是这种现象一个很好的例子。尽管如此，即使没有新的资本形成，跨国公司还是要比当地公司更有竞争力，从而提高了当地的经济竞争力和活力。当然，也有证据表明跨国公司可能会有排挤当地公司的情况。

第二个渠道是指跨国公司子公司在本国的供应商和买方公司的产出增加。一方面，子公司对中间产品的需求带来产量和效率的增长；另一方面，外国公司可能给国内子公司带来更廉价的设备和原材料等的投入，同时也可能给消费者带来更便宜的产品。所以外国直接投资的增加预计将提高当地企业的生产力以及当地员工的工资，这将有利于减贫。

最后，第三个渠道是指从子公司向当地公司和工人传授知识和新技术，从而促进当地的生产力提高和经济增长。然而，这些外部性的存在并不一定意味着当地的本国经济可以将其内部化。所以，拉美国家应具有适当的吸收能力，以利用上述溢出效应，而这反过来又取决于各种因素，如教育发展水平、政府治理水平、基础设施、公司组织结构和技术水平等。此外，完善的金融体系有利于外国直接投资对相关技术的推广。然而，也有跨国公司只转让创新成果，而不转让创新能力，这种留一手的做法使得外国直接投资对当地经济的溢出效应更加复杂。

正如上文所述，外国直接投资与广义经济发展之间的关系以及与减少贫困之间的关系在拉美并不十分明确。在一项针对世界上 26 个国家的减贫调查中，作者 Jalilian 和 Weiss(2012)将最底层 20%的收入增长作为因变量，发现总体样本中，除了少部分国家外，大部分国家的外国直接投资与减贫之间并没有直接联系。同样，Sarisoy 和 Koc(2012)通过对 40 个发展中国家和发达国家进行回归分析并得出结论，外国直接投资对减贫的贡献总体来说并不大，而且外国直接投资对穷人带来的额外收入或福利在数量和比例上都远低于富人。

然而，非洲国家的一些研究(Fowowe & Shuaibu，2014)显示，外国直接投资流入对非洲国家的减贫做出了重大贡献。另一个对 20 个拉美国家的研究表明，外国和国内投资都与贫困呈负相关，投资越多，贫困率越低。外国直接投资促进了拉美地区经济的增长并减少了贫困，尽管这也扩大了农村和城市地区之间的收入差距。

所以总的来说，外国直接投资与贫困之间的关系并不确定，不同的地区和不同的时期都可能产生不同的结果，不能一概而论。外国直接投资对不同群体的影响往往不同，只有在某些情况下才能减少贫困。但是有一点可以确定：稳定的宏观经济、完善的基础设施、健全的金融体系、健康的人力资本发展与减贫密切相关，能有效促进各国的减贫和脱贫工作。

此外，尽管拉美各国政府和民众普遍对外国直接投资抱有极大的热情，除了上述外国投资有可能带来的各种好处以外，有证据表明，外国公司往往会排挤本土公司，削弱当地的全球化进程，而且如果外国的子公司在当地水土不服，则会削弱外国直接投资流入对经济发展所作的贡献，也会减弱与国内公司的联动作用。而且，更重要的是，过去的几十年来，拉美地区的大部分穷人并没有从流入该地区的大量外国投资中直接受益，所以政府有必要重新审视外国直接投资对减贫脱贫的真正作用。

三、老年人与贫困

对拉美地区家庭调查的分析表明，自 21 世纪初以来，随着该地区的经济增长，拉美的贫困人口有所下降。正如上文提到的，1990 年拉美的平均贫困率为 51.2%，2000 年为 43.9%，而到了 2010 年这一数据已经降到了

31.6%。这一趋势在所有年龄段都普遍存在，尽管各年龄段略有不同。总的来说，拉美地区年龄与贫困率之间不存在正相关。拉美的中度贫困和极端贫困总体上在25岁至64岁各年龄段的成年人和老年人中非常相似，略低于年轻人的比率。在老年人中，2010年的贫困率与2000年相比也减少了10个百分点以上。然而，拉美地区依然有超过10%的老年人生活在极端贫困中(按购买力平价计算，即每天可支配收入低于2.50美元)。

贫困的减少不仅与各项政府扶持计划和公共支出的增加有关。伴随着这一过程的还有其他因素，例如，其他类型的非工作收入(如来自家庭成员的赡养)和劳动收入增长(与大环境劳动生产率增长相关)。自2000年以来，贫困人口减少的主要决定因素还是劳动力收入的增加。同时，人口的变化在减少贫困方面也发挥了重要作用，不少国家的人口下降在一定程度上也有助于贫困率的降低。

有三组国家在老年人贫困问题上表现突出：(1)贫困率最低的国家(低于5%)。这些国家的养老金覆盖率和所付金额相对最高，老年人比例最高，如阿根廷、乌拉圭、巴西和智利。(2)中等贫困水平国家(8%至15%)，如哥斯达黎加、巴拿马和委内瑞拉。(3)贫困率最高的国家(超过25%)，包括该地区的其他主要国家，例如，秘鲁、多米尼加共和国和尼加拉瓜等。这些国家有30%~40%的老年人生活在贫困中，而危地马拉和洪都拉斯几乎有60%的老年人生活在贫困中。

在拉美，贫困与养老金覆盖率之间的关系是负相关的，也就是说，养老金系统的覆盖率越高，老年人的贫困水平就越低。在拉美的主要国家中，阿根廷、巴西、智利和乌拉圭等国相对做得最好，养老金覆盖全面，额度也高。而其他国家或多或少都存在着养老金覆盖面低或者给付额度低的问题。

所以在养老金制度不健全的情况下，老年人贫困发生率的差异很大，在养老金覆盖范围广泛的国家(如阿根廷、巴西、智利和乌拉圭)贫困率普遍较低，但在覆盖范围中等或不太广的国家(如巴拿马、哥斯达黎加和委内瑞拉)贫困率普遍偏高。在假设没有养老金制度的情况下，拉美地区的贫困率将暴增33个百分点。所以，虽然拉美地区养老金制度亟待改善，但到目前为止还是对老年人福祉发挥了很大的作用。

除了贫困问题外，拉美地区很高比例的老年人都处于脆弱和无助状态（约30%），如缺乏家人的照顾、受到疾病的困扰等。这意味着他们将来有较大的可能陷入贫困。洪都拉斯和危地马拉等国的情况尤其令人担忧，因为处在贫困和脆弱状态的老年人比例都超过了80%。

四、种族与贫困

在大多数拉美国家，贫困跟种族有很多的关系。这源于殖民时期西班牙和葡萄牙等国的殖民者对土著居民的压迫和剥削。拉美独立后，土著居民继续受到歧视和不公正待遇，甚至有些土著居民至今还没有被授予完全的公民身份，以至于创造了内部殖民主义的概念来强调这一不公的事实。

在玻利维亚、厄瓜多尔、危地马拉和墨西哥等土著人口众多的国家，人们往往会认为所有土著居民都是穷人，所有非土著居民都不是穷人，而事实并非如此。由于这种误解，一些农村扶贫方案未能惠及大部分农村贫困人口。许多非土著农村贫困人口在物资匮乏的条件下从事农业和非农业活动，他们的居住条件、饮食条件都非常差。由于他们外表上不是土著人或不生活在土著社区，他们的贫穷往往会被忽视，被排除在扶贫方案之外。所以这部分人既没有得到城市居民的福利，又没有得到土著居民的补助。近几十年来，拉美国家对土著居民的关怀越来越多地提上了政府的议事日程，外资和各类非政府组织也愈发关注这一群体。

然而，即使将资源作为扶贫或农村发展方案的一部分大量提供给土著社区，这也不一定意味着该社区的所有穷人都会从中受益。据观察，许多社区存在巨大的社会经济差异，领导层和相对富裕的群体反而往往是这些方案的主要受益者。拉美政府已意识到了相关政策的局限性，正在试图使土著和农村地区的扶贫政策真正落到实处，以帮助到最需要的群体。

五、性别与贫困

拉美社会特别是农村地区普遍存在着重男轻女的现象。在家庭和更广泛的经济中，在劳动力、土地和资本市场等各个层面都有形或无形地存在着对妇女的歧视，所以妇女更加容易受到贫穷的威胁。农村社会中最脆弱的群体往往是单身妇女和单身母亲，她们中有相当大的一部分人是穷人。此外，由于男性在拉美家庭中普遍强势的地位，男性户主家庭中的许多妇女也比家庭中的其他成员有着更高的贫困率，即所谓的二次贫困。

然而，农村妇女往往是按阶级和族裔区分的，在任何分析和发展项目中都必须考虑到这一点。此外，非政府组织和农村发展基金等国际合作机构的农村发展项目，可以在多大程度上改变社会中的父权制统治结构，这在短时间内是难以得到定论的。

在20世纪80年代，拉美有些国家为缓解当时的债务危机并实现宏观经济稳定，推出了一些相对激进的改革方案，但这些方案当时对农民产生了毁灭性的影响，并进一步加剧了农村地区的贫困。为了应对这场危机，多年来，农村家庭的收入来源不得不进一步多样化，这使得他们许多人背井离乡，甚至移民到国外，寻找就业和收入，留守在农村的妇女往往经济地位和家庭地位会变得更差，这也迫使很多妇女选择了临时就业。从好的方面来说，这使得今天农村妇女在劳动力市场的参与率远高于过去，但这在多大程度上改善了妇女在家庭中的地位和她们的福祉，各个国家和地区的研究者们给出的答案并不统一。

在过去几十年中，因为许多农户在他们耕种和生活的土地上没有真正的所有权，所以许多拉美政府实施了土地登记和所有权计划，这项计划将为农村贫困家庭带来更大的保障和收入。由于妇女运动和国际组织的压力，许多政府还出台了立法，允许夫妻联合登记财产和土地所有权，即证书以丈夫和妻子的共同名义签订，而不是像过去那样只以丈夫的名义签订。这将在一定程度上改善妇女在家庭中的地位以及妇女和儿童的福利。虽然拉美各国在改善妇女的土地所有权方面取得了一些进展，但还需要做更多的工作来改善妇女获得土地及其他资源和补助的机会。

第五节　拉美国家脱贫案例

一、哥伦比亚的家庭行动方案

家庭行动方案是在哥伦比亚在世纪之交建立的临时社会保障网络和社会支助网络的框架内实施的。该方案是哥伦比亚政府为减轻经济衰退和财政政策调整对最贫穷和最弱势群体的负面影响而制订的。与该方案一起，哥伦比亚同时又启动了另外两个社会方案：青年行动和就业行动。这些方案共同发挥着减轻哥伦比亚贫困或结构性脆弱性的战略作用。

家庭行动方案是一个有条件的现金资助机制，最初旨在减轻经济衰退对贫困家庭的影响。因此，该方案的主要目标是通过补助支持和鼓励贫困家庭对健康和教育的投资，特别是针对贫困家庭中0至17岁的儿童，以保障他们的基础教育和营养保健。

与拉美其他一些方案一样，家庭行动方案通过教育提供援助，但在教育部分的基础上又增加了医疗和营养领域的额外保障。第一个组成部分——教育，是通过直接的学费减免实现的，最贫穷家庭的7岁至18岁儿童上学基本实现了全额免费。资助金额在小学阶段大约为每人每月6美元，中学阶段约为12美元。该金额会随着各地的实际情况做出一些调整，以保证每位受惠的学生都能接受免费的教育。

在第二部分，健康和营养方面，方案向有0至6岁儿童的贫困家庭提供现金资助。该方案的一个重要特点是资金发给儿童的母亲而不是父亲。这一做法的目的是确保资金能有效地用在儿童身上，而不会被作为他用。

该方案在健康和营养部分设定的条件是，只要家庭按要求将儿童送往保健机构进行儿童生长评估，并接种规定疫苗，家庭就会得到相关的补助。在教育部分，如果儿童的旷课率超过20%或留级两次以上，则会暂停相关补助。

从以家庭为重点的行动机制的角度来看，家庭行动方案为就业方案未能涵盖的农村和城市地区进行了一定的补充。这些地区必须符合一些基本的资格条件，例如，至少拥有一家银行并且在教育和卫生方面也具备相应的设施和服务。因此，该方案倾向于将其服务对象主要放在人口不到 1 万的地方，但实践证明可能无法覆盖到某些偏远的农村地区，这也是该方案需要不断改进的地方。

该方案有一个评估系统，该系统于该方案启动后的第三年开始实施。在评估期间，系统需要收集有关三个群体的信息：(1)参与方案满三个月的家庭；(2)尚未能参与方案的符合条件的家庭；(3)中短期内不会纳入方案的家庭。对相关家庭的评估会定期重复，以确保评估信息的时效和准确性。

公布的评估报告结果显示，家庭行动方案在教育领域，尤其是在健康和营养方面产生了积极影响。具体来说，该方案成功地提高了 14 岁至 17 岁青少年的入学率，增加了 2 岁至 6 岁儿童营养食品的摄入。在该方案实施后，0 至 6 岁儿童(特别是农村地区)的总体营养不良率下降了 5%，白喉疫苗接种的覆盖率也增加了，6 岁至 12 岁儿童的百日咳和破伤风减少了 12%，城市地区 6 岁以下儿童的急性腹泻发病率减少了 10%。

二、尼加拉瓜的社会保护网络

社会保护网络是由美洲开发银行提供资金、尼加拉瓜政府实施的一项扶贫方案。该方案旨在促进极端贫困农村家庭在教育、医疗、卫生和人力资本的发展。该方案使 21 个人口普查地区的约一万多个家庭受益，这些家庭是根据地理位置和家庭状况等指标选定的。

该方案有两个组成部分：健康和教育，并通过现金资助和其他改善教育及健康水平的方式进行。在健康部分，方案向受益家庭直接转账，以确保有 5 岁以下儿童的贫困家庭能够购买基本食品，享受这一福利的条件是母亲能够定期参加健康教育讲座，并让儿童参加年度健康体检。

为母亲举办的讲座旨在培训母亲在卫生、生育、母乳喂养和营养领域的基本知识和技能。该方案通过医疗服务，向儿童提供生长监测、疫苗接种服务，并提供各类维生素和抗寄生虫药。此外，每月对2岁以下儿童进行预防性家访。与此同时，该方案定期对非政府组织的保健提供者进行培训，以确保向受益社区提供高质量的医疗卫生服务。

在教育部分，该方案向有7岁至13岁儿童、受教育时间不到4年的贫困家庭提供现金资助，条件是儿童入学并满足至少85%的出勤率。资助的额度以家庭为单位，每个家庭额度固定，因此与家庭中的儿童人数无关。除了这一福利外，方案还增加了一笔资助，用于学生购买学校所需的物品，如校服、学习用品等，这一福利也以入学和一定的出勤率作为参加条件。对于购买校服、学习用品等的补贴，资助金额以学生人数为单位，根据家庭中学生的人数进行分配。

为更好地执行该方案，在国家、区域和地方各级开展了协调。在地方一级，该方案的规划是通过设立委员会进行的，有关部委的领导以及民间社会代表和工作人员都参加了委员会的工作。在卫生保健和教育需求不断增加的情况下，这种各级政府的通力合作尤为重要。

在该方案的试点阶段，类似于上面哥伦比亚的案例，资助的现金通常是交给儿童的母亲，因为有证据表明，妇女管理资金对家庭粮食安全和儿童生活质量更有保障。另一方面，该方案也会根据预算向达到所有健康和教育方面目标的家庭提供不定期不定量的额外资助。

评估结果表明，方案对家庭人均年支出的影响为20%，这主要是由于受助家庭收入的下降，而不是由于支出的增加。相比之下，在没有参与方案的家庭中，收入发生了大幅下降，这主要是因为实施方案的地区正在经历着由咖啡价格下降引起的经济危机。所以数据表明，该方案能够在经济危机的情况下对受助家庭的经济困难起到一定的缓冲作用。

最后，方案对适龄儿童的入学率产生了重大影响：有没有参与该方案，入学率的差异超过了20%。这些影响在7至9岁年龄组最为明显，对12岁至13岁儿童的影响较小。同样，这些差异在极端贫困家庭中更为明显，具体来说，参与方案的极端贫困家庭的儿童入学率是不参加方案的极端贫困家庭入学率的三倍，对于一般贫困家庭，这一差别也达到了两倍。

这说明该方案对促进适龄儿童入学、降低该国的文盲率起到了很大的作用。

三、墨西哥的机会计划

该计划最初由墨西哥联邦政府于1997年创建，最初被命名为“进步计划”，旨在扶持极端贫困农村家庭。2001年，在福克斯总统执政期间，该方案更名为“机会计划”，并开始将其服务范围扩大到城市人口。毫无疑问，机会计划是拉美国家类似方案和计划中分析最多的典范之一，从其实施效果来看，这是墨西哥扶贫计划中最成功的。

从其计划的目标来看，设立该计划的目的是通过对教育、粮食和卫生方面的人力资本投入，提高极端贫困家庭的能力。这一总体目标体现在改善食品、健康和教育条件、预防儿童健康问题、减少儿童辍学率、为家庭提供足够的资金以使其子女完成基础教育并提高家长对子女教育的责任感。

为了实现这些目标，该方案通过三个组成部分运作：教育、健康和营养。在教育部分，该方案向有在小学一年级至中学三年级就读儿童的家庭提供现金资助，以鼓励家庭投入更多资金在子女教育上。同时，如果学生每月无故缺课率超过15%，该家庭将无法在该月获得资助。在学校方面，该方案会向相应的学校提供额外资金，以补偿或缓解学校因教育需求增加而产生的潜在资金压力。

教育资助的数额是根据儿童如果不上学而工作的话所能得到的工资来确定的。这样做的目的是为了减少父母让子女工作的可能性。因此，随着儿童年龄的增长，资助的数额也会增加。在中学阶段，女生得到的资助会比男生略高。同时，考虑到通货膨胀因素，每半年会调整一次货币资助的额度，以防止通货膨胀等因素带来的资助金贬值。

在健康方面，机会方案为所有家庭成员提供基础保健。这些福利由卫生部和墨西哥社会保障研究所下属的中心提供。营养部分包括提供固定的资金支持，以改善食品和营养的摄入，例如，向4个月至2岁的儿童、婴儿和哺乳期妇女提供营养补充剂。这些营养补充剂还提供给有营养不良风险的2岁至5岁儿童。受助的条件之一是，受助家庭必须定期带孩子去保健中心做体检。

和前面两国的案例一样，该计划提供的所有资金补助都是发给孩子的母亲。据估计，该计划所提供的货币资助平均约占参与该方案的家庭月收入的22%。享受该计划3年后，家庭可以申请更新其受益人名单。

在受益家庭选定方面，该计划根据国家人口普查数据建立的边缘化指数进行地理选择，选定边缘化指数较高的地区和社区进行补助。在选定的社区内，通过对社区所有家庭进行人口普查，确定符合条件的家庭。最后，在实施该方案的地方举行社区大会，最终确定受益家庭。

此外，该方案最突出的优势之一是其影响评估系统，该系统不仅对方案影响力进行严格评估和验证，而且还为实施效果提供了一些比对假设，例如，比对受助家庭在让孩子接受义务教育和让孩子早早工作两种情况下最终对家庭的影响。同时，该评估系统既有定量方法又有定性方法，两种方法结合起来既可以检测方案的总体影响和实施效果，也可以识别未预见的各类问题。

第三章 绿色发展

第一节 可持续发展

可持续发展的定义有很多版本，在国际上认可度比较高的、内容最全面的是世纪自然保护联盟(IUCN)的定义，它将可持续发展定义为：在不超过维持可持续发展的生态系统承载力的情况下提高生活质量的战略，其中的生态系统承载力是指同时维持生产力、适应力和创造力的能力。

自20世纪80年代中期首次提出可持续发展理念以来，世界发生了很大变化，如苏联的解体、自由市场全球化、新兴经济体的崛起以及制造业的深刻变革等。拉丁美洲也过渡到了民主政府，它从21世纪的持续经济增长中受益，在减少贫困方面也有所改善，并经受住了几次大经济危机的考验。在这些可预测或不可预测的变化中，各国需要寻求更多的稳定要素。可持续发展就是这样的一种稳定要素，它不仅可以解决各方面的环境问题，而且还会支持并促进弱势人群和贫困人口的生计可持续性，同时开拓新的经济增长点，并在当前总体的宏观经济背景下提供有意义的政策参考。

一、可持续发展的层面

关于可持续发展的讨论必须强调环境、社会、经济、政治和文化发展之间的密切关系和相互联系。要真正理解可持续发展并且将其实现，就必须对可持续发展的不同层面全面理解、综合考虑。

(一)环境层面

在人类历史上，环境问题或环境灾难一直存在。21 世纪初，人与自然关系的新特点是，人类的干预及其影响已经达到了前所未有的程度，甚至已经危及人类自身的生存。全球变暖及气候变化带来的影响是目前世界各国都面临的挑战。各国认为，有必要更加负责地利用自然资源，但不应该用人力资本取代自然资本，因为自然资源和生态系统具有不可替代的功能，例如，在生态循环或光合作用中，任何人工资本都不可能对其进行取代。因此，必须避免对自然造成不可逆转的不利干预。

(二)社会层面

可持续性的社会层面是在一个国家或社会中创造公平社会关系的原则。该层面的核心是一个公平社会必不可少的基本社会商品，包括个人的生命、财产、健康、基本需求(食物、衣服、住房、基本权利)和社会资源，如社会融入能力、权利、正义感等。只有具备了充分的基本社会商品，个人才能充分享受安全、体面而又积极向上的生活。

(三)经济层面

经济制度是社会制度的重要组成部分之一，由家庭、企业、国家等主要行为者组成。其目标和职能是生产商品和服务，以带来收入满足社会成员的物质需要，确保社会的存在，并为大众和整个社会的福祉做出贡献。经济活动由具体经济体系的条件和规则(例如，市场经济或计划经济)、生产要素(如人力资源、自然资源等)、收入和资源的分配，以及各个国家或地区的特定条件所决定。关于可持续发展，市场经济的原则要求生产以尽量低的投入和成本进行，在合理的环境标准下，必须避免浪费投入，这就是所谓的生态效率。

(四)政策层面

实现可持续发展需要个人、企业和国家行为者的行为发生重大变化。

这意味着必须以某种方式通过机构法律、习俗、惯例、信仰、价值观、国家机构、议会、非政府组织等途径来规范个人和集体的行为。联合国文件如《21 世纪议程》等文件多次提到可持续发展的政治和体制层面的重要性，也提到了公民参与的重要性。可持续性是一个需要全社会参与的项目，由于其生态、经济和社会等层面的复杂性，各国需要明确最适合自身特点的发展道路，以确保无论是公民还是国家都以更加可持续的方式生产和生活。

二、可持续发展的原则

为了进一步明确可持续发展的具体内容，联合国等机构和组织确定了以下各国需要遵循的 3 个目标和 15 个原则，用于指导和推动各国的可持续发展战略。

(一)目标 1：确保人类生存

确保人类生存是可持续发展的最基本条件。这意味着保护人类健康和满足基本的生存需求。它还包括个人应当承担的责任，公平分配获得和使用自然资源的权力，以及平衡收入和福利方面的两极分化。

原则 1：应避免因人类造成的负面环境影响而对人类自身安全和健康带来的风险。保护人类健康的基础是从我做起的可持续发展。其目的不仅是保护自身的环境，更是为人类基本生活提供可持续发展的基础。在拉美很多国家，人类健康受到水源污染、空气污染、噪声污染、垃圾污染、危险品废物污染，以及所谓的环境、社会双重灾难的威胁。进一步遏制这些威胁已刻不容缓。

原则 2：对于社会的所有成员来说，必须满足其衣食住行方面最低限度的基本需求以及最基本的健康保障，如医疗保险等。同时，值得注意的是，基本需求不仅是物质方面的，也是精神方面的，也就是所谓的自我实现。从这个意义上说，必须允许人们通过自己的劳动合法谋生，并且劳动者得到应有的尊重。在所有拉美和加勒比国家，由于普遍的贫困，很大一部分人口在满足物质和非物质基本需求方面存在非常严重的差距。正如第二章中所述，在许多国家，一半的人口都受到贫困的影响，在农村地区这一比例更高。

原则3：对于社会的所有成员来说，在有条件的情况下，应当通过体面的工作自食其力，以确保收入的真正可持续性。这一原则强调了自食其力的重要性。虽然拉美各国对贫困群体有着各种扶贫政策，但对于个体来说，这并不是一种长久的解决办法，因为这容易使人产生依赖甚至产生不劳而获的想法。通过自己辛勤的劳动而获得的收入更能体现个人的自尊和创造力，更能赋予生活意义，也更具可持续性。但是，在大多数拉美和加勒比国家，客观条件远未达到这一可持续发展原则。几乎都存在着高失业率、儿童辍学、侵犯劳工权利、不合理的待遇、就业不足以及青年和老年人缺乏就业机会的问题。

原则4：自然资源的使用必须更加合理，分配必须更加公平。这一原则涉及对后代的公平性，子孙后代有权以与当代人以相似的方式使用和享受自然资源。同时，对当代人来说，也必须确保公平分配，因为只有这样才能从根本上消除贫困。在许多拉美国家，自然资源的开采掌握在少数国家和跨国公司手中，受益的是发达国家。拉美居民生存环境不断恶化，土地和河流遭到污染，而他们却未从中得到任何实质性的收益。

原则5：贫富分化和收入差异必须进一步缩小。根据联合国关于可持续发展的文件，贫富分化和各种不平等现象是国家内部和国家之间许多环境和社会问题的根源，如果不进一步缩小差距，就不可能实现真正的可持续发展。正如第二章提到的，很多拉美国家是全球不平等现象最严重的国家，包括哥伦比亚和巴西等国。

(二) 目标2：保持社会的生产潜力

可持续发展要求今世后代享有同样的生活条件。这就是为什么有必要保持社会的生产潜力，使其能够满足人类的物质需求。

原则6：可再生自然资源的使用水平不应超过其自然再生能力，也不应损害各自生态系统的运作能力。南美的亚马孙雨林就是一个很好的例子。早期过度的采伐导致的环境恶果已使得当地政府和居民深受其害，不仅自然环境受到严重影响，经济上的收益也变得越来越不可持续。在遏制住过度采伐后，不仅环境得到了改善，居民通过发展其他生态行业而使得收入变得多样化且更具持续性。

原则7：必须严格确认不可再生自然资源的范围和使用途径。必须重新审视对不可再生自然资源的开发，过去的几十年中这些宝贵的资源被大量消耗在发达国家中，对本国除了生态破坏几乎什么也没有带来。进行更合理和有节制的开采，并避免对一些不可再生的自然资源进行开采以保持生态系统的完整，这样才可能会给人民和国家带来更多的中长期利益。

原则8：各种废物和污染物的排放不应超过环境和生态系统的接收能力。拉美地区总体来说在废物和污染物方面还是可控的，但随着产能的提高和交通工具的增多，各类污染也越来越多地成为拉美各国亟待解决的问题。

原则9：必须避免可能产生灾难性后果的技术风险。此类风险典型的例子就是核电站。目前，拉美地区核能利用相对比较有限，主要是阿根廷、巴西、墨西哥，发电量在所在国总发电量占比不超过5%。由于技术引进得较晚(例如，2015年阿根廷从中国的中核集团引进的核电技术)，技术发展得较为成熟，风险较低。

原则10：必须并重发展物质资本和人力与知识资本，以维持或提高经济实力。留给子孙后代的物质遗产和非物质遗产是一个社会可持续发展的体现。除了物质资本外，知识也是越发重要的资本。拉美和加勒比国家，无论是在基础教育、高等教育还是在继续教育方面，都存在着短板，与发达国家和中国等新兴经济体相比还有不小的差距。

(三)目标3：保持社会发展的多样化选择

可持续发展要求人类的生存发展必须考虑到文化和社会背景的融合、教育、艺术、审美、休闲和娱乐等方面，这方面有以下五项原则。

原则 11：社会所有成员在获得教育、信息、工作、社会、政治和经济职位和地位方面都必须有平等的选择。获得社会基本商品的平等机会旨在使社会的所有成员都成为充分的公民，也就是说，他们可以行使自己的主观自由权，也可以实现自己的才能和计划。机会平等意味着不存在基于性别、宗教、年龄、种族或收入状况造成的社会排斥或歧视。在所有的拉美国家，很大一部分人口在上述方面或多或少都受到过歧视或排斥。这也是拉美各国政府在扶贫的同时需要面对的问题。

原则 12：社会所有成员都应该能参与重大的决策过程。只有人民真正当家做主了，可持续发展的选择才能真正体现人民的意志。拉美国家在民主民生方面自 20 世纪后半叶开始已经有了不断的改善。虽然还有很长的路要走，但随着民主化进程的不断深入，会有越来越多的民众能参与关系到自己切身利益的重大决策中，并从中受益。

原则 13：必须保护人类的文化遗产和文化的多样性。文化定义了共存和合作的形式，以及一个社会的公民如何相对于其所处的物质环境和人文环境的定位。因此，将文化与可持续发展分开是没有意义的，因为发展是人类文化的一部分。文化是创造力的最重要来源，因此必须加以保护。不同文化之间的相互尊重至关重要，存在种族歧视、宗教狂热、社会偏见的地方不可能有真正意义上的可持续发展。拉美和加勒比的特点是长期共存的文化种类繁多，但对土著、黑人等的不同程度的歧视仍然存在。

原则 14：必须保护独特的自然景观。自然还具有以另一种方式丰富人类生活的功能，作为感性和审美体验的对象，这些经历之所以有价值，不是因为它们的实用功能，而是因为它们本身是人民追求的美好生活的一部分，即使并不是所有人都对其感兴趣或直接受其影响。因此，可持续发展框架内另一个责任是保护自然，尤其是独特的自然景观。拉美有着众多独特的自然文化景观，例如被列为世界遗产的马丘比丘、复活节岛等。

原则 15：为了确保社会的和谐与稳定，必须加强民众的法律意识和团结精神，倡导用非暴力手段解决任何问题。在拉美和加勒比的大部分国家，自殖民时期以来就充斥着征服者对土著人民的不平等和剥削，长期以来，很多地方法律没有得到履行，正义没有得到声张，很多人习惯以暴力手段解决一切问题。正如第二章提到的那样，暴力和犯罪仍然是拉美大部分国家阻碍经济发展和改善民生的毒瘤和障碍。

三、环境治理

拉丁美洲的社会变化与自然资源密切相关。在这个自然资源极其丰富的地区，自然与社会和谐关系为实现公平和可持续的发展提供了机遇。世界上近一半的热带森林分布在拉美地区，承载着丰富的生物多样性。拉美还拥有世界三分之一的淡水储量和四分之一的潜在耕地。同时，拉美地区拥有大量重要的矿产储量，包括石油、天然气、铁、铜和黄金等。另一方面，拉美的生物多样性丧失速度很快，生态系统退化加剧，碳排放量占世界的三分之一，这主要是由于采掘活动的扩大和土地利用的变化。这些生态状况的变化影响着拉丁美洲的所有居民，无论是农村地区还是城市。除了引起国家和国际关注的冲突之外，还有许多导致长期经济问题和社会问题的环境紧张局势。尽管这些紧张局势大部分已经成为过去，但变化速度的加快和影响规模的扩大都表明了拉美当前环境挑战的紧迫性。

近几个世纪以来，自然资源的开采一直是拉美经济、社会和政治发展的核心，这导致了在获取自然资源、收入和社会成本的分配等方面的持续不公平和对立。因此，在拉丁美洲，贫困、不平等和环境问题是紧密交织在一起的。尽管大量机构和学术研究早已警告：如果没有合理的治理体制，单单作为全球食品、能源、金属和其他大宗商品提供者的风险很大，但多年以来拉美很多国家仍很被动，在贫困、边缘化、不平等这些长期困扰该地区的问题上显得束手无策。

在拉丁美洲的矿产、土地以及后来的石油和天然气资源经历了漫长的开采之后，社会和政治力量开始推动改革，如石油和金属的国有化，以及20世纪的土地分配。然而，获得资源、收入和权力的机会在国家和地方各级仍然分配不均。正如第一章提到的，20世纪末的新自由主义政权违背了以前的再分配政策。这一时期的特点是更加重视环境保护和更多的地方决策权。然而，资金受限和市场自由化使得拉美难以在短期内打破固有模式。

这种新的环境、社会和体制背景也改变了拉美的环境治理。在农村和城市地区，由于环境恶化和气候灾害(如干旱、洪水、飓风和冰川融化等)的强度和频率增加，贫困人群变得更加脆弱。在许多国家，特别是在南美洲，20世纪90年代发生了大规模的公民不满和反对排斥、贫困、不平等和官僚主义的运动。许多团体呼吁社会经济再分配，各类土著运动、农民运动和环境组织也要求对土地和自然采取更加公平的政策。

自21世纪之交以来，拉丁美洲经历了彻底的发展，改变了环境治理的模式，民主选举产生了一些承诺包容性发展和更具参与性决策的左派政府。这些改革包括国家在开采不可再生资源和重新分配收入方面发挥更突出的作用。同时各国对环境的关注也有所增加。因此，新制度和新政策试图将减少贫困和社会排斥的措施与加强国家对自然资源的控制和改善环境保护的政策结合起来。与此同时，全球大宗商品的繁荣带来了额外的收入和大量的外国投资，从而加剧了资源开采，并导致环境退化和更严重的环境冲突。

四、拉美环境治理的变革与趋势

近几十年来，拉丁美洲的环境治理经历了重大变革，出现了正式和非正式社会多层治理模式，这些模式随着时间的推移而逐渐演变。截至20世纪40年代，以国家为中心的治理模式日益主导了拉丁美洲的大部分地区。特别是在军事独裁时期，决策过程以官僚专制政权和自上而下的模式为基础，由官僚精英控制，并以国家主权的强烈民族主义论述为基础。

在20世纪90年代，大多数拉美国家通过民主化、政治分权和新自由主义重组经历了重大的社会变革，建立了更加民主的政府。与此同时，国家的作用受到各大国际机构(特别是国际货币基金组织、世界银行和美洲开发银行)所要求实施的重大结构调整政策的限制。世界银行提出的自我治理模式要求在一定程度上减少国家的作用，而主要依靠市场机制，如私有化、企业社会责任以及认证和补偿等自愿计划。基于市场的自我治理方法一方面有利于环境和社会朝着更加健康的方向发展，另一方面也有助于改善跨国公司相对于其股东的形象，从而使其更容易融入子公司所在国家。

作为这场资源争夺战的一部分，参与式治理模式在21世纪初出现，作为单一治理模式的替代方案。这是拉美新政府深化民主和公民意识项目的一部分。基于社会正义、公平和减贫的目标，社会组织的参与已成为拉美环境治理的核心要素。参与式治理不是以国家、社区或市场为基础的治理，而是以相关参与者之间的伙伴关系为基础，制定目标、设计并实施各项举措。参与式治理从地方社区为当地制定可持续的共同管理模式到各利益相关者和机构之间更复杂的合作，各种治理模式层出不穷。在这方面，各国政府和跨国公司正在形成一种国际合作体制，该体制结合了一定的法律协议，以应对气候变化和相关环境问题，如二氧化碳排放目标、《21世纪议程》和《生物多样性公约》等。

因此，参与式环境治理是在一个有争议的环境中进行的，各方都在努力强调自己的立场。这种模式不仅仅是一种新的治理模式，而是以国家为中心、以市场为基础、以地方为平台的机制组成的一种混合型治理模式。在这种复杂的关系中，实际可以在多大程度上促进参与、减少不平等和保护环境，取决于自然与社会关系的各方的谈判方式、问题的优先顺序以及所提出的解决方案与社会、体制和环境背景的兼容性。

社会环境冲突的频率和强度表明，在民主和后新自由主义发展模式的背景下，保护和发展之间仍然存在着重大的困难。为了解决这些困难，各国已经提出了一系列建议和措施，旨在将各方聚在一起，寻求新的更具共识的环境治理形式。现有的提案可以大致归类为两种截然不同的模式。

一方面，存在着所谓的新发展主义的趋势。这主要是指依靠工程、技术现代化和基于市场的机制实现自然资源高效和可持续利用的提案。这种模式正在主导大多数拉美政府的决策。它与全球主导的环境治理模式以及绿色经济密切相关。该模式以新发展主义为基础，依靠制度来推动各项基于市场准则的激励措施，以促进合作和可持续性。绿色经济模型假设，不对称关系、不公正和不可持续等弊端可以通过适当的制度设计转化为更公平和可持续的结果。依靠制度可以使解决方案基于非政治手段，如技术创新和绿色消费行为。这种模式的实用主义尤其受到精英群体的支持，因为它从资本主义市场结构中解决了围绕公平、可持续发展和环保的困境。该模式的倡导者将基于市场的激励和补偿方案（如生态系统服务付费项目），作为替代国家监管、减少冲突和相关成本、改善企业形象的机制。这一模式也很符合很多国家机构在制度方面的要求。最后，它也满足了环保主义的要求，包括世界自然基金会、国际自然保护组织和自然保护协会等多个环保方面的国际非政府组织。这些跨国组织已逐步转向薪酬计划和基于市场的激励措施，以促进国家、地方以及公司的可持续发展。

另一方面，一些提案设想了一种完全不同的生产和环境治理模式。这一趋势包括一系列关于自然和人之间的关系，并提出了一种自下而上的、非正统的环境治理视角，要求转变甚至终结被认为是环境恶化和不公正根源的霸权资本主义模式。支持者认为，上述的新发展模式及其与绿色经济的联系只意味着重新包装旧的发展模式，以在多个层面上维持不平等的权力关系。他们认为，这些缺陷是不对称关系和环境恶化的根本原因，而不是在制度上小修小补能解决的问题。除非不同社会群体之间的不平等权力关系和市场经济的基本基础得到妥善解决，否则体制性的解决方案很难有效解决社会环境的根本问题。

然而，第二种模式引发了两种批评。一方面，一些观察家认为这些想法的反市场基础是不可行和不现实的。在他们看来，当今世界不可能不参与市场经济。其他观察者则关注希望实施这些想法的政府，如玻利维亚和厄瓜多尔政府。他们指出该模式的概念缺乏明确性，并强调了其假设中的各种矛盾。他们认为，在实践中，这些想法实际上是继续旧的发展主义和采掘模式的借口。

很明显，这两种模式都有自己的缺陷和矛盾。在实践中，可以看到，今天拉丁美洲的大多数政府结合了这两种模式的要素，可以说是一种混合型的管理模式。在这种模式中，政府和其他各方使用不同的方案来指定其政策并加以实施和落地。通过这种混合治理的方式，各国不断构建出多层次、多维度的相对灵活的可持续发展模式。

所以，要想更好地理解当今拉美的环境治理模式和项目，就需要从以下事实出发：这些模式和项目来自不同的决策者和执行者，他们有着各不相同的历史经验，并支持着他们认为最合理的地方或国家治理方案。这些模式和项目不可避免地会提出一些相互矛盾的目标和建议，因此需要不断地磨合和完善。不管是哪种模式，它们的目标都是为生产活动、社会平等和环境保护之间的平衡这一难以调和的困境找到更好的解决方案。

第二节 中国的可持续发展

可持续发展、环境保护和绿色经济已成为近年中国的热点词汇。以往的粗放型经济增长模式以牺牲环境作为代价，来换取经济的高速发展，带来了严重的生态问题和环境问题。促进绿色发展、建设生态文明，是中国对以往粗放型发展模式的反思，也是未来的发展方向。绿色发展和绿色经济是实现经济发展与环境保护和谐统一的正确发展方向，是实现可持续发展的重要途径。

“绿色发展”理念在2010年的十七届五中全会上被首次提出，经过近些年的努力，中国取得了显著成就。例如，截至2021年，单位GDP能耗比2012年累计降低了26.4%，年均下降率为3.3%，相当于节约和少用能源约14亿吨标准煤。2021年，中国能源消费总量52.4亿吨标准煤，虽然比2012年增长30.4%，但实际上是以年均3%的能耗增速支撑起了年均6.6%的GDP增速。在产业转型升级方面，中国在“十二五”和“十三五”期间淘汰了大量的炼钢与炼铁产能，产能过剩问题得到了明显缓解。

“绿色发展”虽已取得了显著成效，但随着发展步伐的进一步加快，仍有很多问题需要解决。在经济发展方面，中国尚未完全实现从粗放型增长方式向绿色增长的转变。经济绿色增长是一种低污染高能效的生态平衡可持续发展。尽管目前中国已经走上了绿色低碳的绿色经济发展道路，但作为全世界最主要的制造大国，中国目前的经济发展仍然较多依赖于大量的资源消耗型能源，单位 GDP 的碳排放量和单位 GDP 的能源消耗仍然比一些发达国家高很多。所以需要从产业结构、生产方式和生活方式上推进生态文明建设，只有每个方面都实现突破，才能在总体上取得成功。

中国在拉丁美洲和加勒比地区的总投资已超过 1800 亿美元，在当地创造了近 60 万个就业机会。可持续发展方面和能源方面的投资比例越来越高，中国在能源领域的投资中，有一半流向了风能、太阳能、水力发电厂等，使它们成为拉美各国重要的能源来源，这是联合国全球发展倡议和中国“一带一路”倡议相辅相成并能够产生积极作用的证明。

一、中国的绿色发展

中国在绿色发展和治理能力上有了很大的提升，且正在严格践行绿色发展相关理念，但实现绿色发展的各项目标并非易事。实现碳达峰与碳中和涉及社会经济的方方面面，关系到经济发展方式的转型与统筹协调。目前还没有发展中国家的成熟转型经验可资参考借鉴，只有在实践中不断地摸索和完善。

（一）总体战略

十九届五中全会提出，到 2035 年，要广泛形成绿色生产和生活方式。达到碳峰值后，生态环境要得到根本改善，美丽中国目标基本实现；到本世纪中叶，把中国建成富强民主文明、生态安全的社会主义现代化强国；积极参与应对气候变化和可持续发展地各类国际合作；加快绿色经济发展，尽早实现温室气体深度减排，必须统筹推进经济、社会、能源、环境、气候变化治理，推动经济社会发展的全面绿色转型。对内引领人与自然和谐发展和可持续发展，对外引领全球气候治理，维护地球生态安全，保障人类生存发展。中国碳中和目标的提出，让世界看到了将全球气温上升控制在 2℃以内的可能性，明确了应对气候变化是中国建设社会主义现代化强国目标的重要组成部分。中国的长期绿色发展战略应与社会主义现代化建设的目标和战略相一致。2030 年实现碳排放峰值和加强国家自主贡献，应作为推动经济高质量发展的重要内容，并纳入社会主义现代化建设第一阶段的重要战略规划。社会主义现代化建设第二阶段的目标任务是，到 2050 年实现二氧化碳接近零排放，到 2060 年实现碳中和，形成绿色低碳循环生产和生活方式。

（二）阶段性目标、路径及重点

近期："十四五"是中国实现碳峰值的关键五年，也是将碳中和目标纳入社会经济发展规划的首个五年。困难和挑战不同于以往，需要更加重视加强能源、产业发展规划和国家应对气候变化规划之间的联系和平衡，特别是实现碳中和。建设美丽中国的中长期战略目标是牢牢把握"十四五"期间能源和产业转型的发展方向和重点，顺应绿色低碳要求，加快基础设施和产业的合理超前布局，进一步优化能源结构调整、产业绿色低碳转型、城市韧性发展的空间布局，推动形成"投资绿色、投资增长、投资就业、投资未来"和绿色低碳双循环的发展新格局。部分东部发达省市、西南可再生能源条件较好的省市，以及钢铁、电力、水泥等高碳产业应率先达到峰值。从一次能源消费结构看，煤炭占比下降到 50%左右，非化石能源占比超过 20%。通过煤电结构调整，实现峰值。在政策支持方面，加快制定应对气候变化专项规划、节能减排综合工作计划、产业体系绿色化和绿色生活行动计划等，促进不同规划和方案之间的统筹协调。建立碳排放总量控制体系，以更有效的温室气体减排的约束目标取代能源消费总量的控制目标，实现碳减排目标的灵活方案，同时采取指标交易、清洁发展和横向补偿相结合的机制。同时，更新中国国家自主贡献的力度和广度，包括中长期碳峰值和零排放目标，并将绿色经济、非二氧化碳温室气体减排等内容纳入国家自主贡献范畴。

中期：2025 年至 2030 年，推动碳排放尽快见顶。研究表明，在确定碳中和目标时间的前提下，越早达到峰值，整个社会的总减排成本越低。

但实现碳中和的路径也要适应中国社会经济发展条件，量力而行，尽最大努力超额、低成本地实现阶段性目标，高质量地实现国家自主贡献承诺，力争达到并超过能源消费中非化石能源比重的25%。同时，推动和领导全球碳中和合作的工作。整体能源结构将分为煤炭、油气和可再生能源，终端电力消耗将显著增加。全国各省市的碳排放均已达到峰值，交通、建筑等部门的碳排放也将陆续达到峰值。另外，还要推动数字智能技术与社会经济领域高度融合，并巩固形成绿色低碳产业链和供应链，以及相应的绿色气候投融资政策体系和可持续的商业发展模式。着力以结构调整和制度创新推动绿色转型，继续深化能源结构、产业结构、交通结构、土地利用结构转型，加快围绕零碳目标推进调整重大基础设施和相关产业布局。

远期：2035年至2050年，构建以可再生能源为主导的能源供应和消费体系，加快淘汰化石能源，加快碳捕集与封存、生物能源与碳捕集与封存相结合等技术部署，努力实现二氧化碳排放接近零，进一步提高社会经济适应能力，不断完善绿色低碳循环和可持续发展的社会经济体系，推动可持续消费方式。从2050年到2060年，将通过碳汇、非二氧化碳排放控制等措施，努力向温室气体排放中和迈进，力争在2070年左右推动实现全球范围内的碳中和。

(三)产业结构

构建绿色低碳的现代产业体系。现代产业体系是实现碳减排的有力保障。产业结构调整对中国碳强度目标实现的贡献可高达60%。构建绿色低碳发展的经济体系，是建设现代经济体系的重要内容。大力发展节能环保、清洁能源、清洁生产等绿色新兴产业，构建与绿色低碳循环产业相匹配的技术、资金支持体系和政策制度，加快绿色低碳数字化基础设施建设，提高服务业的绿色发展水平，形成绿色低碳发展新动力。同时，要降低出口贸易中的隐含碳。2016年中国出口隐含碳占全国碳排放的12.5%，这对中国的碳减排产生重要影响。

(四)能源结构

构建清洁低碳、安全高效的现代能源体系。能源结构脱碳是实现碳中和的重要路径，也有利于构建和完善国家的能源安全体系。一是制订煤炭有序退出方案，采取更有效的措施，控制化石能源特别是煤炭的消费，不断优化和压缩煤炭利用结构和规模，加强散装煤管理，采取有效措施遏制地方行业开展煤炭相关项目，严格控制煤化工等高碳行业规模，避免高碳锁效和高成本。二是建设高比例可再生能源供应体系。形成基础设施、分布式能源、智能电网、多能源、储能互补和灵活调控的智慧能源，适应可再生能源高比例，推动创新发展，促进各种技术、基础设施和模式的融合，形成可再生能源高比例体系。稳步推进梯级水电开发建设，建设一批风电、水电、光电一体化流域能源基地。大力推进风电协调发展，坚持集中与分布式发展相结合的发展模式，本地消费与外部输送并举，陆上与海上并举，加快扩大太阳能多元化布局。加快推进农业与光伏互补、屋顶光伏，推动工商业分布式户用光伏的发展，结合生态治理推进光伏建设，推进光伏基地建设，总结推广经验，采用可再生能源与扶贫、生态恢复、农林生产、制氢相结合的协同模式。因地制宜推进生物质能发展，积极推进地热能开发应用。三是大幅提高终端能源消费电气化水平。工业部门要加快在制造业生产上实现电力直接替代化石能源。建筑业应采用分布式可再生能源系统，扩大电力在供暖中的应用。交通运输部门要大力发展电动汽车，限制并逐步淘汰燃油车，推动氢燃料电池汽车商业化发展，以电气化、智能化、高效化为指导，推动各行业能源消费方式升级换代。四是建立健全和落实可再生能源用电量保障机制，加快科技创新和体制机制创新，为可再生能源高质量发展创造良好条件。五是加快氢能、储能、智能电网等技术的开发应用，为高比例可再生能源部署提供支持。

(五)技术创新

面向碳中和制定中长期减排战略。碳中和目标的实现最终将落实到低排放、零排放以及相关技术在生产生活中的广泛应用。要尽快适应碳中和目标的需要，启动制定中长期低碳科技的创新规划，加快碳中和关键核心技术的研发与应用。建立世界领先的低碳科技创新体系，推动关键技术、前沿领先技术和创新技术的研发和商业化应用及推广，包括：能源效率、分布式可再生能源、可再生能源大规模并网、先进核能、智能电网、氢燃料电池、大规模储能、可再生资源回收、碳捕集等。部署一批前瞻性、系统性、战略性的低排放技术研发创新项目，突破关键材料、仪器设备、核心工艺等领域碳中和发展的技术瓶颈，逐步建成全球碳中和发展新技术、新产品、新模式的创新中心。同时，要推动新一代信息技术与先进低碳技术进一步融合，大幅提高能源利用效率，通过碳中和愿景的引导，在发展潜力大、动力强的数字经济、智慧城市、清洁能源高科技、低排放领域培育新的增长动能，并逐步形成一批国际先进的绿色低碳制造业集群。进一步加强碳中和国际技术合作，加强同包括拉美在内的具有低碳制造经验的国家和组织的合作。

(六)区域协调

制定差异化的区域低碳发展战略。中国地域辽阔，各地区在经济发展方式、社会发展水平、经济结构、自然资源、科技水平等方面都存在较大差异，这就对不同地区的碳减排路径设计提出了不同的要求。国民经济社会发展的战略布局和中西部地区资源的现实，使得中西部地区在生产大量能源和电力的同时，也承担了大量来自东部省份的转移排放。如何防止不同区域之间的碳泄漏，不仅关系到碳减排目标的合理性和公平性，也关系到中国低碳发展目标的实现。所以应在现有排放责任划分的基础上，将消费和转移排放纳入其中，建立差异化的区域低碳发展计划。具体而言，在“十四五”期间，东部沿海比较发达的地区以及西南一些可再生能源资源非常丰富的地区，应该研究和规划在“十四五”期间率先实现二氧化碳排放达到峰值。推动制造业加速向西北、西南地区的清洁能源基地转移，促进可再生能源的就地消化。同时要特别关注转型过程中可能带来的公平公正问题，尤其是煤炭依赖地区的就业和经济发展，以及贫困地区的清洁能源可及问题，要通过能力建设、财政转移支付、生态补偿等手段妥善加以解决。

（七）政策制度

完善形成中长期低排放的政策制度体系。一是完善气候投融资政策体系，加大各级政府对低碳发展的财政投入和税收优惠力度，推动构建有利于气候投融资的政策，鼓励气候投融资产品创新，建立适用、高效、先进的气候投融资标准体系。完善多元基金治理结构。二是完善应对气候变化的法律法规，为长期低排放战略部署提供法律保障。通过统筹制定修订气候变化法、能源法、节能法、可再生能源法等相关法律法规，将应对气候变化和绿色发展纳入其中，优先确保有实施碳峰值、碳中和以及应对气候变化的法律，设计制定一系列产业，逐步对产品进行严格的标准鉴定，形成技术规范体系。三是完善和创新促进低碳消费的政策和行动，例如，扩大低碳产品和服务供给，加强宣传教育，提高低碳消费意识，加大推动循环经济发展力度等。四是继续推进和完善碳市场支撑体系建设，制定碳市场国际合作路线，同时，中国在开展碳交易的同时，仍需为碳税的出台预留政策窗口，择机推进碳税和碳定价政策的实施。

（八）国际合作

引领构建公平正义、合作共赢的全球气候治理体系。在新冠肺炎疫情后，国际形势日趋复杂，充满不确定性。中国要更加积极推进全球气候治理及国际合作进程，推进公平正义、合作共赢的全球气候治理制度建设，坚持共同但有区别、公平和各自能力原则，加强多边、双边的国际合作，推动应对气候变化和绿色低碳转型成为全球共识。一是注重维护多边进程，面对美国将重回《巴黎协定》的新情况，不仅要延续和维护多边主义，而且要在多边框架下推动相关改革进程，提高合作效率，在做好国内应对气候变化工作的基础上，妥善应对美国可能做出的不合理单边主义行动，包括碳贸易壁垒等。二是加强双边合作，推动中欧、中美之间在绿色复苏、卫生健康、气候变化、生物多样性保护等领域取得共识，签署务实合作协议，携手美欧等发达国家和经济体发挥大国领导力。深化中欧绿色合作伙伴关系，推动中欧气候与环境高层对话及多方对话，推动中欧基于共同利益的积极行动，形成中欧合作的良好态势。同时重开中美气候对话，在气候合作中寻找应对全球治理挑战的方案，并在关联领域进行合作。三是加强绿色低碳技术、绿色金融等领域的合作交流，促进技术的转移与合作研发，推动全球绿色金融市场发展，支撑经济绿色低碳复苏和增长。四是与发达国家一起在第三方国家开展合作，充分利用发达国家的先进技术、中国的制造和资金，结合东道国的生态环境保护和气候需求，实现更好的效果。五是应加强绿色低碳"一带一路"建设的顶层设计，积极支持"一带一路"共建国家制定低碳发展规划和行动路线图，从单一的商业项目合作模式转变为战略合作，从发展的视角与"一带一路"共建国家开展应对气候变化合作，支持"一带一路"国家的绿色发展目标并制定落实 21 世纪中叶长期温室气体低排放发展战略，争取国际社会的广泛支持。六是与各方合作履行第 26 次缔约方会议(COP26)的承诺，并推动促进《生物多样性公约》和《联合国气候变化框架公约》(COP26)的相互促进。

二、中国绿色经济的未来发展趋势

发展绿色经济，促进人与自然和谐共处，是中国现代化道路、促进经济社会发展的必然要求。绿色低碳转型是实现高质量发展的重要环节。绿色经济是绿色发展的经济形态，包括绿色低碳产业、节能环保产业、可再生能源、循环经济、清洁能源、生态经济和新能源等。发展绿色经济既是长远发展的战略举措，也是当前发展的重要任务。具体的未来发展趋势主要有以下几个：

(一)煤炭清洁高效利用水平进一步提高

根据国家统计局的数据，2021 年，中国煤炭消费占能源消费的比重已从 2012 年的 68.5%下降到 56%。目前，煤炭发电装机容量已经小于清洁能源发电装机容量。2021 年，中国煤电每千瓦时耗煤量降至 305 克，超临界、超超临界机组占比超过50%，已达到世界先进水平。随着煤电节能减碳改造和供热改造的加快推进，煤炭的使用将更加清洁高效。

(二)新能源和可再生能源发电能力进一步提高

目前，中国风电、水电、光伏、生物质能发电装机容量居世界首位，可再生能源装机容量超过11亿千瓦。2021年，中国清洁能源占能源消费总量的比重达到了25.5%。中国将以沙漠、戈壁、沙漠地区为重点，加快建设大型风电、光伏基地，提升新能源发电能力。

(三)相关领域在绿色低碳方面将迎来更新、更快的发展

节能减碳、废弃物回收利用、工业建筑、交通运输等领域清洁低碳改造等先进技术的研发应用，以及其他绿色低碳节能环保产业、绿色消费等领域将迎来新的更快的发展。

(四)进一步扩大新能源汽车和新能源电池产销规模

中国近两年新能源汽车产销量均超同比大幅增长。全球新能源汽车占比远远超过50%，其国内市场份额达到25%。2021年中国锂电池相应出货量达到324G瓦时，同比增长106%，占全球市场的59.4%。近年来，中国锂电池一直保持高速增长，预计未来几年将继续加速发展。

(五)绿色信贷和绿色债券等将大幅增加

绿色税制改革有利于节能环保的价格政策，绿色低碳标准体系的完善，碳排放市场交易体系的完善，碳排放统计核算体系的完善，生态产品价值实现机制的建立，都将进入一个新的阶段。

(六)对ESG(Environmental，Social，Governance)的空前重视

越来越多的公司和投资者已经把环境保护、社会责任、公司治理等ESG要素作为决策的重要考量因素。这体现了不断提高的企业社会责任，也体现了绿色经济本身的巨大发展潜力。

第三节 通过可持续发展消除贫困

一、拉美的可持续发展与贫困

正如第二章中所描述的，拉丁美洲是世界上贫困率最高、贫富分化最

大的地区之一。财富的集中使当地居民及其需求处于不利地位，同时也导致自然资源的枯竭和破坏，并对气候变化产生了严重影响。

拉美人口仅占世界人口的8%，但它拥有地球上相当大一部分的自然资源，包括46%的雨林、23%的森林和稀树草原、30%的淡水和饮用水源、30%的农作物、23%的耕地、18%的草地和16%的牧场。同时，作为一个重要的地区，拉美在工业、基础设施和金融等方面的发展也有目共睹。这意味着拉美地区有潜力改善其生产活动，以更好地满足人民的需求。然而，由于收入、资源和权力等方面的系统性差异，拉美各国普遍存在着严重的社会排斥和贫困。虽然生产性发展保持了较为稳定的势头，但自然资源的破坏和生物多样性的不可持续利用也带来很多问题。一方面，由于工作和生活的需要，大量农村人口涌入城市，从而在一定程度上加剧了农村和城市的贫困。另一方面，城市的发展很多时候并没有遵循环境原则，因此造成了越发严重的污染、栖息地退化等对人类生存和健康的不利影响。为了扭转这种局面，拉美各国需要分析贫困与可持续发展之间的关系。

拉丁美洲的贫困程度不仅取决于货币收入，还取决于穷人生活的自然环境、基础设施和社会环境，而这些环境往往不允许他们扭转这种局面。这需要的不仅仅是提高他们的收入水平，更需要社会文化的发展、卫生健康的进步、环保意识的提高等。虽然世界银行预测拉丁美洲在不久的将来会进一步降低贫困率，但拉美和加勒比经济委员会的相关报告却给出了相反的事实：自新自由主义时代以来，贫困人口相对减少，但该地区仍保持着较高的绝对贫困水平。根据拉加经委会的数据，2010年约有1.8亿贫困人口，其中7000万贫困人口的收入不足以维持生计。

正如第二章中所提到的，拉美的贫困率在1990年占总人口的约50%，2000年占到约40%，直到2010年才大幅下降到30%。在社会包容、公共支出多的国家，资产水平急剧下降。尽管这一新情况有积极的方面，但这些措施的总体资金往往来源于对自然的过度开发。此外，贫困率降低的趋势并没有相对稳定的收益做支撑，因此很可能发生反弹。根据拉加经委会的报告，大部分拉美国家近20年来的贫困率都有显著下降，但这些下降主要是由于在经济危机的大背景下政府对失业人员和弱势群体给予的补贴和资助，不具有太大的可持续性。

由于上述原因，困扰拉丁美洲的结构性贫困很难解决，这是生产模式的结果。生产模式无法充分吸收经济活动人口的数量和动态，也无法改变固有的生产和收入模式。要通过确保平等来减少贫困，就需要重新审视和修改当前社会与自然之间的关系。这意味着生产和消费的技术模式需要发生变化，使得收入分配更加公平。这项任务很艰巨，但确实也没有其他更好的选择。对自然资源的随意占用、对工业生产无限制的扩张，以及对野生动物栖息地的破坏等，都将超出生态环境能够承受的界限。这种不负责的行为的影响早已在全球气候变化、粮食危机、结构性贫困和社会治安恶化等方面表现了出来。

除了上述的收入不平等等因素，还需要加上第二章提到的性别、年龄、身份等方面的歧视。因此，在这种各类因素影响的大环境下，近几十年来，拉丁美洲 70%~80%的人口拥有不超过 20%~40%的 GDP，所以各国应合理实施再分配政策，以提高整体人口的就业率和生活质量。此外，政府需要更好地照顾到农村地区和弱势人口的需求，努力改善他们的生存环境和就业环境。

近几十年来，拉美环境治理的变化激发了社会各方的参与，各方努力实施环境政策以改善生活和环境质量。社会各方即使利益有冲突，但只要能积极参与到环境治理中来，总会能群策群力推动环保的发展。这同时也要求各国政府在理论和实践上从时间和空间等多个互动角度协调各方的利益。通过合作，政府和民众都深化了对社会与自然关系的看法。此外，通过加强与科学研究机构的合作，可以更好地找到适合每个国家和地区的技术手段，平衡环境保护和经济发展以及人民福祉等方面的需求。

二、气候变化与可持续发展

气候变化是 21 世纪在可持续发展方面的全球重大挑战之一。这涉及诸如经济发展、人民福祉和生态系统等多个至关重要的方面。学术界和公共政策界就气候变化、农业活动和拉美贫困之间的关系和影响程度进行了大量的讨论。这种关系主要体现在两个方面。首先，现有证据表明，气候变化对农业活动有重大影响，气温与降水量、生产力与农产品产量之间存在着很大的相关性。因此，持续的气温上升会在一定程度上影响生产力和农产品的产量，同样，极端气候事件也可能导致农产品的重大损失。另一方面，证据还表明，农业的发展在各个层面都会影响到贫困率。因此，气候变化影响到农产品产量的增长速度和农业部门的生产力，而农业部门的生产力又影响到贫困率的变化。

所以，可持续发展需要同时考虑经济、社会和环境因素，以充分保护自然、经济和社会资产。气候变化是影响实现可持续发展的另一个因素。气候变化与贫困之间的一个基本关系链是经济增长，特别是农业部门的增长，要大力促进农业部门的发展，以便减少气候变化带来的潜在连锁危机。也就是说，气候变化影响经济增长速度，特别是对气候条件特别敏感的农业部门的经济增长速度，而经济增长速度又影响贫困。从这个意义上说，农业活动将在实现可持续发展和减少贫困方面发挥重要作用。同时，要注意确保粮食安全，并日益加强能源安全，将更大的投入纳入其中，以满足世界粮食消费和食品安全的预期。

在过去的二三十年中，拉美国家的人均国内生产总值和人均农业国内生产总值的年平均增长率分别为1%和0.7%。在同一时期，尽管各国之间的差距仍然很大，但整个区域的贫困人口有所减少，收入分配略有改善，农业部门在整个经济中的份额逐渐减少。因此，人均国内生产总值较高的国家也显示出农业部门较低的贡献率。然而，与世界其他地区相比，拉美的人均收入与农业部门贡献率的这种反向关系不那么明显。此外，农业经济与其他经济部门之间存在着复杂的联系，这导致了双向因果关系。这就意味着必须与其他国家和地区展开更多互惠互利的联系，以促进农业发展，扩大农村人口的就业机会，并确保粮食安全。

经济增长有利于减贫，这既得益于收入的增加、穷人就业机会的增加和产品供需的增加，同时也得益于卫生、教育和基础设施等一系列公共政策的推动。证据还表明，这也取决于一系列其他因素，因此，可以使用统计方法和国家样本对经济增长对贫困的影响进行弹性分析。这些结果表明，对于世界上大多数国家，经济增长对贫困变化的弹性在-0.15至-10.5之间，农业增长对贫困变化的估计弹性在-0.03至-2.9之间。农业部门的弹性也可能与一系列因素有关，包括收入分配、经济初始条件、人均收入水平、农业生产力及土地政策等。

气候变化是影响拉丁美洲贫困的一个重要因素，并通过影响农业部门的产出来体现其影响。证据表明，气候变化降低了农业生产力和农产品产量，从这个意义上说，它降低了减贫的速度。因此，气候变化是阻碍实现减贫目标的一个重要的不利因素。例如，在模拟预测2025年拉美农产品损失5.6%的情况下，估计将有380万人会因气候变化而无法摆脱贫困。如果模拟损失是农产品产量下降的结果，而不仅仅是因为增长缓慢，这一数字则可能更高。此外，如果考虑到碳排放的影响，到2025年，该地区农业的平均影响率将可能达到3.4%。这意味着与正常情景相比，脱贫的人数减少了4.3%，即280万人将因气候变化而仍然贫困。因此，气候变化带来的损失将显著影响减贫目标。

从这个意义上说，消除贫困是拉美地区所有政府的共同目标，因此必须将气候变化的层面纳入其议事日程和制定的公共政策。因此，拉丁美洲需要发展更具活力和灵活性的农业，以适应气候变化，及以可持续的方式利用自然资源，减少生态足迹。因此，农业的贡献不仅在于经济方面的贡献，而且还在于有助于减少贫困，创造更大的附加值。同时，各国需要增加高价值的作物，以及劳动密集型作物，改善目前的经济激励措施(例如，减少那些不具可持续性的农业补贴)，并通过水利基础设施工程和更好的风险管理来影响农业生产力及其对气候变化的应对能力。

三、典型案例

可持续利用自然资源在拉美的一个例子是乌拉圭的瓜莱瓜伊丘市，该市发展了一系列可持续的工业项目，并在其生态系统中开展农业和服务业活动，特别是旅游业活动，利用当地景观开展乡村旅游活动，并使其成为了一个重要的就业来源和经济增长点。旅游业和农业的发展为更全面和可持续的增长奠定了基础。然而，良好的生活环境自2003年来受到了附近两个国外化工厂的威胁——化工厂对当地环境造成了污染。作为回应，居民通过各种手段(如占领高速公路和桥梁)进行抗议。同时，相关调查和研究证明了化工厂对环境带来的损害和对当地居民收入带来的损失。所以这些损失不仅限于生态系统和基础设施，对居民自身也有直接影响。环境成本是根据资产减少来计算的，资产减少是根据对自然的危害来衡量的。

计算环境损害和利润损失并不是为了报复工厂，而是为了向工厂背后的国际资本施加压力。当地居民诉诸一切法律手段，包括向国际机构和银行提出索赔。他们甚至要求政府的行政、立法和司法部门向海牙国际法庭提出上诉。虽然他们并非完全成功，但他们确实阻止了一家公司的成立，并负责在整个南锥体地区推广公民环境大会，为维护健康环境和自身合法权利而斗争，成为了南美地区环境治理运动的典范。

自然与社会矛盾的另一个例子是阿根廷的大豆产业。该产业主要集中在阿根廷土地最肥沃的潘帕斯地区，是自然资源被寡头垄断的另一个例子。大豆种植带来了高产量和一系列直接和间接的负面影响。其中包括自然资源的退化和浪费、栖息地污染以及对居民的经济、社会、文化尤其是健康方面的影响。事实上，已经发现相关地区癌症发病率增加，这可能是由于大量使用除草剂草甘膦造成的，这一危险也得到了世界卫生组织的确认。

大豆已经取代了畜牧产品和其他农作物(如棉花、扁豆、牛奶、肉类和大米)成为了目前阿根廷的主要出口作物。因此，阿根廷的农副产品比例出现了一定程度的失衡。大豆种植的扩张是由租赁田地和机械进行大规模生产的金融资本霸权造成的，这就取代了中小农民，最终导致贫困的农民向城市地区迁移，进而导致农业用地扩展为非农业用地。鉴于大豆生产已经取代了很多其他作物，种植直接影响到阿根廷的粮食结构。关于大豆生产的替代方案，以可持续发展和减轻贫困为导向和目标，已经有很多讨论。例如，如何保持多样性，确保土地的充分利用，并解决农村贫困问题。这一战略将使农村生态系统中的环境治理得以广泛开展，因为它涉及更多的不同职业，以便能够研究、监测和管理所有农作物。同时，这将为生产者带来可观的收入，也将带来更多样化的食物和营养供应链等潜在优势。

阿根廷的马当撒盆地项目是另一个例子。该盆地横跨首都布宜诺斯艾利斯市的一部分和周围的多个市镇，面积近2500平方千米。据估计，每日有约500万居民和约300万通勤者经过该盆地。这里被认为是阿根廷工业发展的中心，但在此活跃的2万多家公司却成为了潜在污染源。

自殖民时期以来，该盆地的污染已经产生了重大的影响。此后，它又受到了新工业革命的第二次污染，影响了人口的健康。因此，盆地所在州在阿根廷最高法院的一起案件中被受害者起诉。此事件被称为门多萨事件，受害者要求相关机构执行法院命令，以恢复盆地环境并提高人民的生活质量。为了实现这一目标，成立了一个名为马当撒盆地管理局的专门机构负责监管。根据官方数据，该盆地的500多家公司已转行，300多家已关闭，近1500家已启动了重组程序，另有1500多家公司提出了相应的整改计划。

为了净化该地区的河流和空气，各类措施都已开始实施，包括安装独立的污水和清洁水管道，净化污水，建造新的住房，以消除贫民窟和危房。项目实施后，当地居民已开始受益，该地区90%的居民已获得清洁用水，满足了居民对水源、空气等环境要素基本的需求，改善了他们的生活质量。包括大学和非政府组织在内的多家咨询机构也开展了更多的参与进程。可以肯定的是，通过改善环境条件、减少贫困、提高生活质量，该地的环境治理正在变得更加有效。随着净化设施的安装和住房问题的解决，与贫困相关的障碍将被一一克服。

根据以上的典型案例，可以对拉美环境治理与贫困之间的关系做一些总结。强大的跨国集团在很大程度上继续在拉美采取高度集中的开采政策，这不仅破坏了当地居民赖以生存的自然环境，减少了社会经济资源，也降低了规划和实施可持续环境发展的社会治理能力，使得人民的利益得不到保障，环境政策的实施也得不到重视。在阿根廷的各级政府中，均未能明确单一农作物种植(尤其是大豆)的潜力及其限制。实际上大豆种植产生的纳税申报是有优惠政策的，但没有现行法律对其进行直接监管。各地的农业联合会、农村协会，以及各种贸易协会和商会，成功地将自身的利益通过大力发展大豆种植来实现，这往往掩盖并损害了其他各方的合理主张和合法利益。

总的来说，拉丁美洲的总体城市化程度和经济扩张模式超过了环境规划的指导方针，这在几乎所有的拉美国家都有体现。阿根廷的大豆种植扩张案例可以扩展到几乎整个拉美地区，因为已经被强制改变的生态系统占据了拉美耕地的很大比重，例如潘帕斯草原、亚热带丛林和灌木林等。拉美大部分国家在体制和法律结构上基本是非常支持经济发展的，因此，企业和生产者往往把产能和产量目标放在首位，而对环境的影响往往会被放在次要的位置，相关的环境政策执行起来也经常会遇到阻碍。尽管规模经济的影响带来了成本的降低，但这些影响并没有转化为价格的降低。寡头垄断的市场条件非但没有改善普罗大众的福利，反而让大公司赚得更多。总的来说，财富的积累似乎反而促进了环境恶化、不平等、贫困等与寡头垄断之间的复杂关系。

第四节 能源贫困

一、能源消耗与贫困

能源、贫困和环境之间的关系已越来越多地成为社会科学的研究方向以及拉美各国发展计划中的重点。提高拉美地区人民的生活水平和减少贫困是各国在能源和环境方面各类措施的总目标。然而，作为发展中国家，拉美各国为达到预期的经济和社会发展水平，能源消费和由此产生的温室气体排放量预计将继续增加。

能源与贫困之间的关系是公共政策领域在全球范围内都比较重视的问题。清洁且价格合理的能源服务在提高人民生活水平和减少贫困方面的作用越来越大。国际组织和非政府组织也纷纷强调了采取联合行动提供安全、清洁和相对廉价的能源的重要性，这也是全球减贫千年发展目标中提出的必要条件。

减少贫困和提高人类发展水平这一目标需要与人均能源消费的增加相结合来研究。随着人类发展指数的提高，人均能源消费量也随之上升，当人类发展指数超过某一阈值时，人均能源消费则会呈指数级增长，这表明人类发展指数非常高的国家在能源消费模式上与其他国家存在着明显差异。这些差异不一定与提高人民生活水平或减少贫困有关，也就是说，还可能有其他因素决定了这些差异，例如与生活方式有关的文化因素、极端气候导致的需要增加的能源消耗，以及每个国家实施的节能和能效政策。

这种情况对发展中国家的经济、社会和环境发展产生了重大影响，拉美和加勒比地区也是如此。发达国家越来越担心发展中国家将对全球变暖产生影响，因为发展中国家的能源消耗在不断增加，而这是达到预期的经济和社会发达水平所不可避免的。

世界人口中只有18%的人生活在40个左右的发达国家，而其二氧化碳排放量却占全球排放总量的45%；其余82%的人生活在发展中国家，其二氧化碳排放量占全球排放总量的55%。这意味着发达国家的人均二氧化碳排放量几乎是发展中国家的4倍。值得注意的是，除非洲外，拉美和加勒比地区是全球二氧化碳排放量最小的地区，仅占全球的约5%。相反，亚太地区以及北美和欧洲是占比最大的地区，分别占44%、19%和14%。人均方面，拉美人均排放约3吨二氧化碳，是美国人均(约18吨)排放量的1/6，欧洲人均(约7吨)排放量的一半不到。除非洲外，拉丁美洲是世界上人均能源排放量最少的地区。因此，可以说拉美对全球变暖所负的责任相对是比较小的，当然，这并不代表拉美地区今后可以没有顾虑地大肆使用能源，只是说到目前为止拉美对能源的使用还是比较节制的。

在可持续发展的框架下，任何能源政策都必须为一个国家的经济和社会发展做出贡献，并且避免对环境产生重大影响。就拉丁美洲而言，该区域各国应朝着这个方向采取具体行动，各国可以优先考虑能源使用的社会层面，因为拉美的人均能源消费和人类发展水平依然较低，这意味着其很大一部分人口还没有达到较好的生活水平或处于贫困状态。

二、墨西哥的能源贫困

墨西哥作为拉美人口最多的国家之一，能源的供应对该国来说是一个巨大的挑战。该国的统计显示，在全国范围内，有近1300万户家庭(占总数的近40%)都处于能源短缺状态。这种情况表明，就墨西哥而言，很大一部分人口无法满足能源使用方面的需求，这对提高生活质量和减少贫困都产生了严重的影响。

值得注意的一个方面是，墨西哥的能源匮乏在不同地区差别很大，例如，首都地区是能源匮乏程度最低的地区，只有约15%的家庭处于这种情况，而恰帕斯州的情况则大不相同，有超过70%的家庭处于能源短缺状态，瓜纳华托州也很高，达到了60%。

尽管与世界很多其他地区相比，拉丁美洲的城市化水平很高，但城市的贫困率相对其他地区往往比农村更高。从这个意义上说，进一步了解城市和农村地区具体的能源短缺程度很有意义，也就是说，更高的贫困率是否意味着更严重的能源短缺。数据显示，能源短缺的情况随着从城市向农村的过渡而增加，能源短缺家庭的比例随着城镇规模的缩小而显著增加。然而，将各类城镇的结果与全国总数进行比较时，可以看出，很大一部分城市家庭处于能源短缺状态。如果统计全国城市地区总体的数据，则有700多万城市家庭处于能源短缺状态，占墨西哥家庭总数的约1/4；而农村家庭约有450万户处于能源短缺状态，占全国家庭总数的约15%。这意味着，从绝对数量来看，城市能源短缺的情况比农村更严重。

墨西哥2013—2027年国家能源战略将社会保障作为其战略目标之一，有10个指标来衡量在这一目标上采取的不同措施。该战略的目标主要涉及获得能源服务(特别是穷人)、居住条件的改善、人均能源消费在不同地区之间的差异、电力服务的覆盖范围以及电力的价格成本比等。

在拉美其他国家，也存在一些类似的政策，即将能源与贫困之间的关系纳入国家和部门发展计划和方案。例如，乌拉圭的国家能源战略提出了使生活在极端贫困中的人能够获得能源服务的目标；哥伦比亚的能源战略则建议根据贫困人口的支付能力调整电价；在萨尔瓦多，一项减贫政策是对贫困人口的天然气使用进行补贴。

所以，考虑到能源对人民生活质量和贫困的影响，以及能源使用对环境的影响，能源问题将是墨西哥乃至整个拉丁美洲发展规划和方案的研究重点。如何在保持可持续发展的前提下，确保能源供应的充足，确保经济增长和社会发展不受能源短缺的影响，是一个值得所有拉美国家关注和研究的问题。

第四章 金融体系

第一节 拉美国家的金融体系

一、拉美国家金融体系概况

自20世纪90年代以来，拉美的银行体系经历了金融自由化改革，包括放松监管、降低外国银行的进入门槛，以及减少政府干预等。然而，自由化之后的拉美银行体系仍然较为脆弱，容易受到宏观经济和外部冲击以及市场、信贷和流动性风险等因素的影响。1994年的墨西哥、1999年的厄瓜多尔、2001年的阿根廷、2002年的乌拉圭和2003年的多米尼加共和国都发生过较为严重的银行危机，其根源是宏观经济影响或外部冲击。进入21世纪第二个十年后，国际市场的有利条件和趋于稳定的宏观经济政策为拉美银行体系的发展提供了良好的机会，使得该地区的金融系统能够更好地应对未来的国内外冲击。

在金融界，拉美最大的七个市场被普遍称为拉美七国，这七个国家包括：阿根廷、巴西、智利、哥伦比亚、墨西哥、秘鲁和委内瑞拉。外国银行在拉美七国的市场份额很高。例如，在墨西哥，外国银行的所有权超过了本国银行，大部分银行资产由北美和欧洲银行持有（主要为美国和西班牙的银行），而墨西哥本土银行的跨境地区业务非常少。与墨西哥情况相反的是巴西和哥伦比亚，这两个国家的银行资产主要由国内银行持有。

在拉美，银行是提供金融服务的最重要的来源。银行通过相关机制提供各类金融服务，包括银行账户、银行网点、ATM、互联网和电话银行等。然而，即使在今天，拉美国家很大数量的人口仍然无法得到商业银行的服务，甚至没有最基本的存款账户。尽管近年来其他非银行金融机构的活动，特别是小额信贷的金融机构的活动有了显著增加，但它们对金融系统的影响力仍然有限。

此外，与亚洲和欧洲的新兴市场相比，拉美的银行体系规模相对较小。拉美的银行体系约占所在国 GDP 的 35%，与亚洲新兴市场和欧洲新兴市场 GDP 的 90%和 50%相比，相距甚远。具体来说，在拉美国家中，巴西的银行体系在 GDP 中的占比是最大的，紧随其后的是智利和巴拿马。随着 20 世纪 90 年代金融体系的自由化，拉美七国的大部分资产都在私人银行(约占拉美七国 GDP 的 60%)，只有巴西和乌拉圭的国有银行资产在 GDP 中占比较高。与此同时，外资银行在拉美七国中占有重要的市场份额(占拉美七国 GDP 的 27%)。然而，区域银行系统的一体化程度仍然很低。拉美尽管逐步实现了金融体系自由化，但大多数国家的银行系统仍高度集中，在某些情况下，银行利差较高，远高于欧美和亚洲国家。

同时，与发达经济体和其他新兴经济体相比，拉美七国的信贷比率也较为落后。智利是相对较好的，其私营部门的信贷比率在拉美七国中最高，而墨西哥、秘鲁和乌拉圭等国的该比率则相对较低。自 20 世纪 90 年代以来，智利对私营部门的信贷增加了一倍多(从 2014 年占 GDP 的 50%增加到 100%以上)，而在墨西哥、阿根廷、哥伦比亚、秘鲁和乌拉圭等国，这一比例仅为 GDP 的 35%左右，且在过去二十年中没有增加。所以智利是唯一一个私营部门信贷可与亚洲新兴市场和 G7 国家相媲美的拉美国家。尽管拉美的经济增长强劲，但银行部门提供的国内信贷却并没有相应增加，这在一定程度上是因为有其他融资来源，比如国内资本市场、外国直接投资和国外融资，这些来源削弱了银行系统信贷的重要性。存款方面，巴西和巴拿马处于领先地位(占 GDP 的 60%)，但这一比例依然远低于亚洲的新兴经济体。

二、拉丁美洲金融市场特点

金融自由化大大改变了拉丁美洲金融部门的特点。自由化进程创造了新的制度和规则，让金融系统有了更大的发展空间，使金融系统为经济发展更好地发挥作用。然而实际上，有些固有的问题仍然没有得到很好的解决，例如，金融系统不够复杂以及资本市场发展程度较低，这仍然与改革之前非常相似。总体来说，当前的拉美金融市场主要具有以下几个特点。

首先，拉丁美洲的金融体系继续以银行为基础，这意味着银行信贷比债券或股票市场等其他形式的融资更重要。然而，与发达国家或其他发展中国家相比，拉美银行信贷占国内生产总值的比例非常低，各国之间的差距也很大。2020 年，智利和萨尔瓦多的这一比例是 110%，为拉美最高，最低的是尼加拉瓜，为 38%。而较发达的国家和地区这一指标往往接近 200%，甚至更高。此外，由于银行信贷的期限一般较短，特别是来自私立银行的信贷，因此企业需要不断为信贷再融资或寻找新的投资融资方式。

第二，在全球宏观经济的大环境下，拉美金融自由化后危机更加频繁。此外，银行危机与汇率危机之间也产生了关联性，导致了双重危机的出现。世界银行的一些数据显示，拉美国家在过去 30 年中平均每个国家发生了 1.25 次金融危机，这个频率在全世界最高。同时，在拉美国家，多次发生金融危机的可能性也最高：该地区 35%的国家遭受了 2 次或 2 次以上的危机，而东亚国家的这个可能性仅为 8%，在中国这一可能性几乎为零。

第三，银行的股权结构发生了变化。许多国有银行已经被私有化，其中一些被出售给当地个人或公司，另一些被出售给了外国。在这一过程中，外国公司或个人对拉美银行业的参与度有所增加，很多最初出售给当地公司或个人的银行后来也被外资收购。国有银行在拉美主要国家总资产中的份额从金融自由化初期的超过 50%，变为了目前在有的国家不足 10%的比例。在此期间，外国公司和个人所持有的股份大幅上升，从自由化初期的不到10%上升到目前在很多国家超过50%的比例。在东亚，也有很大一部分资产正在被外国公司收购，虽然这一趋势很可能在不久的将来会发生变化。

第四，资本市场是正规部门的另一个主要资金来源，拉美地区很多国家的资本市场仍然处于萌芽状态。在债券市场，拉美大多数国家的资金用于公共部门，私营部门的融资在国内生产总值中所占比例大大低于发达国家和亚洲新兴经济体。在股票市场，拉美经济体的市值普遍存在被高估的情况，这需要引起投资者的注意。此外，这两个市场的流动性相对都比较低。

第五，包括银行和资本市场在内的金融部门对拉美经济增长的贡献依然很少。事实证明，融资对所有国家的增长都至关重要。虽然拉美各国的投资占国内生产总值的比例在逐步上升，但与东亚新兴经济体相比，仍然非常低。投资率低的原因是多重的，一个重要的因素是融资，因为融资对大部分拉美企业来说是一个很大的瓶颈。融资影响投资的另一个重要因素是信贷结构，正如第一点中提到的，大部分银行的信贷期限比较短。此外，消费融资和房地产信贷的规模还比较有限，所以这些融资来源可能产生的需求难以刺激更多的投资。

第六，在大多数拉美国家，获得资金的机会仍然非常有限，这与经济增长密切相关。消费者和购房者的融资缺口可以按收入群体划分，收入最低的人群融资难度最大。同样，中小企业在获得融资方面也面临巨大困难。债券和股票市场显然只面向各国的大公司，因此银行融资是中小企业进行融资的唯一选择。当然，拉美各国的情况也不尽相同。例如，智利、哥伦比亚和委内瑞拉等国只有约1/3的中小企业表示融资很难；而在阿根廷、墨西哥和秘鲁等国，超过一半的中小企业都表示融资很难。与拉美各国公司相比，中国等亚洲新兴经济体的公司往往不太可能将融资作为其业务发展的主要障碍，因为当地的金融市场更加成熟和多样化，能够大量地提供适合不同企业需求的金融产品，为它们的业务发展提供资金上的保障。

三、新冠肺炎疫情的影响

2020年爆发的全球新冠肺炎疫情对拉美的经济发展和金融业也造成了严重的影响。在疫情最严重的时期，拉美各国政府和中央银行密切合作，为公司和个人提供流动性的信贷支持。各国央行大幅度降低利率，降低存款准备金率，并扩大资产负债表，从而在政策允许的范围内，为银行和政府提供资金。随着危机的逐步消退，现在的挑战是调整相应的干预，支持复苏进程，并密切协调财政政策和货币政策。这使得拉美各国能够从多个来源获得内部或外部融资，因此基本上避免了资金链的断裂，大多数拉美国家的企业能够以合理的利率进入国际市场。同时，国际社会通过贷款和国际货币基金组织的特别提款权(SDR)来支持各国。

2021年，经济复苏更为强劲。拉美地区的GDP反弹了6.8%。随着各国逐步削减财政扩张，财政赤字从2020年占GDP的7.5%降至2021年的5.8%。2021年，包括利息支付和债务摊销在内的还本付息达到约GDP的5%，预计2022年和2023年仍将接近GDP的4%。尽管财政赤字仍然很高，但由于经济增长强于预期，债务与GDP的比率保持稳定，从2020年的72.6%略微下降到了2021年的71.6%。

疫情导致大量失业，尽管疫情过后就业率已有所反弹，但尚未完全恢复。截至2021年9月，相较疫情前的数据和预测，目前的就业率仍比预计水平低3.3%。值得注意的是，女性失业率高是导致各国失业率居高不下的主要原因之一。虽然在以前的多次危机中，私有部门起到了缓冲作用，但在疫情期间，私有部门的就业受到的影响是最大的。经济的向好使得许多国家的私有部门强劲复苏，然而劳动力市场先前存在的结构性问题又重新浮出水面。

疫情期间，大多数拉美国家都采取了某种形式的财政紧缩政策，以减少财政赤字，防止偿债成本上升，并降低债务水平。然而，许多国家的财政政策仍然效率低下，仍在寻求能够减少低效支出、减少逃税、扩大税基和提振公共投资的实质性改革。由于各国的立场和自身情况差异很大，合适的改革方案将取决于各国相关的政治和经济制约因素。尽管如此，拉美各国相信新的财政架构有助于促进经济增长并减少贫富分化。

第二节　中国的金融业

一、中国金融业改革史

中国金融业的发展经历了几个不同的时期。1949 年新中国成立之初，金融业筹集社会资金，支持国民经济的恢复和重建。1978 年改革开放后，金融业的活力和潜力得到极大释放，迎来了大发展时期，中国金融改革发展不断取得新的重大成就，金融体系不断完善，金融业保持快速发展，金融产品日益丰富，金融服务普惠性增强，人民币国际化和金融双向开放取得新的进展，金融监管体制得到进一步健全和完善。总体来看，改革开放 40 多年来金融业发生了巨大改革，无论是金融结构变迁，还是监管模式转化等方面都发生了深刻变革，并取得了巨大的成就。具体而言，可以将改革开放以来中国金融改革历程大致分为以下几个阶段。

(一)金融体制的框架建构(1979—1991)

这一阶段是中国特色社会主义金融体系框架的探索时期。十一届三中全会强调把工作重心转到现代化建设上来，标志着中国从计划经济向市场经济的全面转变。中国经济金融体系在行政计划和市场配置的道路上进行了探索，初步形成了较为完整的金融体系和结构。1977 年 12 月，中国人民银行正式从财政部中分离出来，成为国务院直属机构，这是中国金融改革和发展重回正轨的重要标志。随后，中国银行(1979 年)、中国农业银行(1983 年)、中国建设银行(1983 年)、中国工商银行(1984 年)相继成立。1983 年，中国人民银行正式确定中央银行地位。1981 年，中国人民银行正式发行国债，为经济建设筹集资金。1990 年 12 月，上海证券交易所正式开业。1991 年 7 月，深圳证券交易所也开始运作。1985 年，深圳、厦门、珠海、汕头开始试点允许外资银行设立分行。

(二)金融体制的市场导向(1992—2001)

1992年至2001年是中国特色金融体系建立的重要阶段。第十四次全国代表大会确立了社会主义市场经济体制改革的重要目标。1993年，国务院发布《关于金融体制改革的决定》，强调中央银行拥有独立执行货币政策的权力，同时逐步剥离政策性商业性金融业务，建立以国有银行机构为主、多家金融机构并存的金融组织体系，并进行大规模的、全面的金融体制改革。第一，为确立和加强金融的法律地位，先后制定了《中华人民共和国中国人民银行法》《中华人民共和国商业银行法》《中华人民共和国证券法》《中华人民共和国保险法》等一系列法律。第二，实现商业性金融功能和政策性金融功能的分离。1994年，金融机构政策性业务分离，成立专门的政策性金融机构(国家开发银行、中国进出口银行、中国农业发展银行)，金融职能划归财政部。1999年，中国先后成立信达、华融、长城、东方四家专职金融资产管理公司，处置四大国有银行机构的不良信贷资产。第三，确立货币政策地位，推进市场化改革。1993年国务院发布《关于金融体制改革的决定》，明确规定了货币政策的最终目标、中期目标和操作目标。1994年，中国银行业同业融资中心成立。1996年，中国人民银行正式实行利率市场化改革，放开了银行间拆借利率。1998年，中国人民银行取消了四大国有银行的信贷计划管理。从1999年开始，中国人民银行开始发布货币政策调控的中间目标。第四，建立专业的金融监管部门，实行分业监管。中国人民银行剥离了对证券业务和保险业务的监管，分别于1992年和1998年成立了证监会和保监会。

(三)金融体制的多元优化(2002—2011)

2002年至2011年，是中国特色社会主义金融体系多元发展、增强内涵的重要阶段。该阶段的重要特征是在总量和规模的基础上升级内涵，将单一的金融生态转变为多元共生的金融生态环境。第一，推进国有银行股份制改革。2004年至2010年，中国银行、中国工商银行、中国农业银行、中国建设银行、中国交通银行先后完成国有独资商业银行向国有控股商业银行的股份制改造。第二，推进资本市场股份制改革。2005年，中国证监会发布了《关于上市公司股权分置改革试点有关问题的通知》和《上市公司股权分置改革管理办法》两个重要文件。这一具有里程碑意义的改革为中国资本市场的扩张提供了重大机遇，中国金融结构开始向结构优化的方向调整。第三，构建多层次资本市场。除原有的沪深主板市场外，还于2004年建立了中小企业市场，于2009年建立了创业板市场。2002年，上海黄金交易所成立，启动信贷资产证券化试点。2006年，中国金融期货交易所成立。第四，加强金融改革开放。为履行加入世界贸易组织的承诺，中国逐步全面取消了对境外资本和机构的非审慎限制。在经历了调整的过渡期后，包括人民币在内的各类金融部门开始全面参与全球金融体系。自2002年以来，中国先后推出合格境外机构投资者制度(QFII)和合格境内机构投资者制度(QDII)，促进资本在境内外有序流动。第五，形成完善的金融监管格局。从中国人民银行剥离商业银行等金融机构的监管职能，2003年成立中国银行业监督管理委员会，形成了“一行三会”的经典金融监管格局。

(四)金融体制的全面创新(2012—2021)

2012年至2021年，中国特色社会主义金融体系发展进入快车道，中国金融改革进入新阶段。随着大数据技术和区块链的发展，金融行业的创新和改革层出不穷，金融风险管理被放在了更加重要的位置，中国金融业的对外开放也加快了步伐。第一，改革汇率制度。2015年，央行宣布调整人民币兑美元汇率中间价报价机制，并且再次考虑货币篮子，从而进一步推进人民币汇率形成机制市场化、正规化、透明化。第二，货币政策工具结构性改革。自2013年以来，央行在传统货币政策框架中嵌入了定向降准、贷款便利等结构性因素。2018年创建了新的定向工具：定向中期贷款便利。央行于2013年放宽贷款利率下限管制和票据贴现率管制，并于2015年进一步放宽存款利率上限。第三，金融监管模式改革。2015年，中国人民银行将差别准备金动态调整机制转化为宏观审慎评估机制，为形成货币政策加宏观审慎政策的双支柱金融监管框架提供了必要基础。2017年，成立金融稳定发展委员会，形成了“一行一委一局两会”的监管体系。2018年，中国银行业监督管理委员会与中国保险监督管理委员会合并，成立中国银行保险监督管理委员会。该机构于2023年组建成为国家金融监督管理总局。第四，促进金融与科技的融合。在信息技术的推动下，互联网金融迅速发展，2013年被称为互联网金融元年。2015年，银监会进行了首次组织机构改革，明确P2P行业监管将由新成立的普惠金融部负责。2015年，中国人民银行发布《关于促进互联网金融健康发展的指导意见》，这意味着互联网金融监管元年的到来。2016年，G20杭州峰会通过了《G20数字普惠金融高层原则》，着手大力发展数字普惠金融。第五，加快金融改革开放。2014年和2016年，中国分别开通了“沪港通”和“深港通”，实现了沪深证券交易所与香港证券交易所的互联互通。第六，放宽银行、保险、证券、基金等行业外资比例配额。2019年，国务院金融稳定发展委员会发布《关于进一步扩大金融业对外开放的办法》，提前放开了多个领域的外资比例配额。

中国的金融改革是一个渐进式探索。市场化导向、基础性框架构建、多元化创新等既是金融改革演进的结果，也是新时代金融改革的要求。中国强大的现代金融体系必须是一个具有高科技内涵、高度开放特征、地方特色鲜明的金融体系。这意味着中国金融供给侧结构性改革必须回归本源，更加注重科技与金融的融合，依靠科技创新与深度开放的融合，共同带动金融强国建设，实现金融高质量发展的转型与突破。

二、新时代金融体制改革的重大进展

中国金融体制改革在新时期取得了重大进展。金融体系市场化水平显著提高，金融监管和风险防范能力都迈上新台阶。第一，金融体系更加完善。目前，中国金融业已形成涵盖银行、保险、证券、期货、信托、基金等领域的全面的金融体系。根据中国人民银行调查统计司的数据，截至

2022年三季度末，中国金融业总资产达到413.46万亿元，同比增长10.1%。其中银行业金融机构总资产373.88万亿元，居世界第一，证券业机构总资产12.87万亿元，保险业机构总资产26.71万亿元。第二，金融市场日趋成熟。近年来，资本市场改革全面深化，股票市场注册制改革取得突破，科创板成功推出，制度进一步完善，市场韧性增强。债券市场快速发展，规模稳步扩大。期货市场的价格发现和风险管理功能进一步加强。第三，有效防范金融风险。金融体系大力防范化解重大风险，采取了一系列有力措施，金融杠杆明显降低，金融资产质量显著提高。2017年至2020年，累计处置不良贷款8.8万亿元，超过前12年的总和。具体来说，进展和任务主要体现在以下几个方面。

一是资本市场市场化、法治化改革迈上新台阶。《证券法》修订生效，增设投资者保护制度专用章，加强信息披露要求，全面实施注册制，违法成本大幅增加。加快注册制改革，公司债券和公司债券发行由审批制改为注册制。设立科创板和注册制试点，开展上市企业包容性、交易制度、信息披露等一系列制度创新。注册制改革稳步从科创板向证券市场延伸。2020年，创业板改革启动，试行注册制。债券市场有序，逐步打破刚性套现，高风险企业风险逐步释放。

二是加快推进利率和汇率市场化改革。在逐步放开利率管制的同时，继续完善市场利率形成机制。改革和完善贷款市场报价利率形成机制，使其嵌入商业银行内部的转让定价，有效地打破了贷款利率的隐性下限。继续建立以债券回购利率为代表的金融市场基准利率体系。形成完整的国债收益率曲线，更好地发挥定价基准作用。

三是加快建立国有金融资本统一管理框架。2018年，中共中央、国务院颁布《关于完善国有金融资本管理的指导意见》(以下简称《意见》)，对加强国有金融资本管理做出顶层设计和重大部署。该《意见》有助于理顺国有金融资本管理体制机制，逐步建立统一的国有金融资本出资人制度。该《意见》还明确设立民营银行的基本原则和监管框架。自2014年民营银行开业试点启动以来，已有多家纯民间资本发起的民营银行开业运营。开发性和政策性金融机构基本建立了以资本充足率为核心指标的资本约束机制，明确国家开发银行定位为开发性金融机构、中国进出口银行和农业发展银行定位为政策性银行，从而更好地贯彻政府的经济政策。

四是金融业对外开放加快推进。金融行业准入负面清单已经清理。银行、证券、保险公司的外资持股比例和业务范围基本放开。资本市场互联互通渠道建立并不断拓展。人民币国际化取得重大进展。2016年，人民币正式纳入特别提款权(SDR)货币篮子，其权重(10.92%)仅次于美元和欧元。人民币占全球官方外汇储备的比重超过2%。人民币大宗商品定价结算实现突破，人民币资本项目可兑换性稳步提高。QFII(合格境外机构投资者)和RQFII(人民币合格境外机构投资者)投资额度限制、相关资金汇出比例限制、定期资金锁定要求相继取消。自由贸易账户、跨境双向人民币资金池等制度建立完善。

五是普惠金融政策体系不断完善。不断丰富人民银行普惠金融定向降准、通过宏观审慎评估为小微企业和民营企业增加专项融资指标、创建小微企业普惠贷款发放支持工具、小微企业普惠信贷支持计划等。2020年，银监会发布《商业银行小微企业金融业务监管评价办法(试行)》，初步建立并不断完善商业银行小微企业监管评价指标体系评价标准。

六是金融监管组织体系不断完善。为适应综合经营、发展职能和监管职能分离的趋势，中国银行和中国保险监督管理委员会合并，并进一步组建成为国家金融监督管理总局。国家初步建立了中央垂直监管与地方属地监管并行的两级金融监管模式。省地方金融监督局由隶属于其他委局升级为省政府直属事业单位。各省、区、市建立金融委办地方协调机制，加强中央和地方在金融监管、风险处置、消费者保护等方面的信息共享与合作。

七是充分发挥绿色金融作用。绿色金融是指金融机构积极支持节能环保项目融资的行为和重要的市场手段。绿色金融可以在调整产业结构、促进经济增长方面发挥更大作用。绿色金融不仅可以促进环境保护和治理，更重要的是可以引导资源从高污染、高能耗行业流向理念和技术先进的行业。绿色发展理念是中国经济高质量增长的重要支撑。目前，中国的绿色金融政策稳步推进，在信贷、基金、债券等领域取得了较大进展。当然，绿色金融发展还存在一些固有的结构性问题。首先，中国不同地区的金融机构由于当地发展水平的不同而存在显著差异。绿色金融在资源配置中的作用意味着打破旧的利益格局，这就要求地方政府在实施绿色金融政策时提高整体协调能力。此外，绿色金融初始投资大、项目周期长等特点已成为行业共识。如何甄别有价值的项目，做好风险控制，完善人才培养体系，还需要在理论和实践层面进一步探索。

三、金融改革的新要求

中国的金融改革既要围绕社会主义现代化建设的基本要求，又要围绕近期、中期的重点任务，及时推进改革，不断提高金融体系的开放程度和韧性。

一是构建开放型金融体系，促进内外循环。努力推进制度体系金融开放，促进中国与全球金融市场互联互通，推进制度整合，增强体系竞争力。增强用好国际国内两个金融市场和各种金融资源的能力，使金融成为联结国内外合作与利益的重要纽带，为更多的国内外企业提供有力的金融保障。

二是构建稳定安全的金融体系，有效保障金融安全。守住不发生系统性金融风险的底线，做好应对国内外各种不利情况和极端情况的准备，确保金融体系正常运行。要加强国家金融安全战略统筹，加强金融安全战略引导，完善国家金融安全法律体系和组织保障。提高金融风险预警和监管能力，识别、量化、监测、防范金融风险，建立多层次的隔离和防范屏障。全面推进金融安全基础设施建设、人才培养等任务。

三是构建支持科技自立的创新友好型金融体系。要做好自主创新服务，建立健全与国家新体制相适应的金融制度安排，增强金融体系提供大规模优质创新资本和创业投资的能力。要保持产业链、供应链的稳定发展，构建以充分信息、银企互信互助为基础的新型银企关系，以稳定的融资确保产业链、供应链的稳定。要把服务创新链与产业链连接起来，实现金融、科技、产业的良性循环。

四是构建更具社会责任感的金融体系，促进共同富裕。增强金融的社会责任感，发挥金融缩小城乡差距和区域差距的作用。建立农村资金养护机制，支持农业科技发展，健全政策金融、商业金融、合作金融合理分工的农村金融体系，使金融成为乡村振兴战略的重要组成部分。要构建更高层次的普惠金融体系，不断扩大金融服务覆盖面，为弱势金融群体提供有效且商业上可持续的金融服务，提高社会的金融包容度，让更多的人能使用上金融服务。

五是构建绿色金融体系，为生态文明建设提供有力保障。第一，引导金融资源向绿色发展方向倾斜。完善绿色金融体系基础工作，加快完善绿色金融标准体系，完善绿色金融政策框架和激励机制。第二，完善碳市场建设，引入碳金融衍生品交易机制，丰富碳金融产品体系，有效发现碳价格，鼓励通过市场化手段实现碳减排。第三，在金融稳定政策框架内考虑气候变化的影响。逐步将气候变化风险纳入宏观审慎政策框架，定期开展金融机构气候风险压力测试，指导和帮助金融机构开展气候风险评估和管理，以增强在极端情况下的应对能力。第四，要进一步提升ESG(Environmental, Social, Governance)在包括金融体系在内的更广阔的经济体系中的重要性，在投资和决策过程中更多地融入环境保护、社会责任、公司治理等因素，从而进一步促进提升企业在环境保护、社会责任等方面的表现。

第三节　拉美国家的普惠金融

一、普惠金融介绍

联合国千年发展目标(UN Millennium Development Goals, UN MDG)将普惠金融体系定义为“一个金融机构的连续体，共同为所有人口阶层提供合适的金融产品和服务”。普惠金融的核心是金融包容性，即使用正规金融服务的家庭和公司的比重。普惠金融意味着所谓的穷人也可以通过适当和公平的机制，不受阻碍地获得金融机构提供的各类金融产品和服务。根据联合国开发计划署制定的标准，普惠金融或包容性金融体系的特点是：

一是所有家庭和企业以合理的成本获得广泛的金融服务，包括储蓄、短期和长期信贷、租赁和保理、抵押贷款、保险、养老金、付款、国内汇款和国际汇款等；

二是以适当的内部管理制度、行业绩效标准、绩效监控、透明度监控、问责制和健全的审慎监管为指导的金融机构；

三是金融体制具有可持续性，能够长期提供金融产品和服务，并且在可行的情况下提供多家金融机构的产品和服务，以便客户可以选择适合自身的最优方案。

普惠金融越来越被认为会对社会经济发展起到至关重要的作用。包容性的金融体系有助于提振增长、减少贫困和不平等。特别是，普惠金融可以让个人和企业降低交易成本，从短期决策转向跨期资源分配，从而鼓励储蓄，提高生产性投资。普惠金融通过调动储蓄，为家庭和企业提供更多获得消费和投资融资所需资金的机会，并且可以更好地抵御冲击和不测。此外，普惠金融可以促进劳动力和企业正规化，进而帮助增加政府收入、改善社会治安。拉美地区经济发展不稳定，区域发展不平衡，贫困人口比例居高不下，储蓄和投资水平较低，因此普惠金融的作用将尤为突出。

自 2010 年以来，普惠金融已成为 20 国集团峰会的一个重点话题，世界各国都意识到了改善金融包容性的重大意义。尽管拉美地区的金融包容程度与其发展水平基本一致，但各国间仍然存在着重大差异，尤其是在家庭金融包容方面(Martínez Pería，2014)。金融包容性不足通常归因于制度缺陷、银行竞争水平低导致金融服务成本高、基础设施不足，以及监管环境过于严格。拉美各国与众多亚洲和欧洲新兴经济体相比，明显落后。根据世界银行 2021 年的统计(Global Findex Database，2021)，在正式金融机构拥有账户的成年人比例虽然近年来有很大的提升，但在部分国家依然很低，例如，在尼加拉瓜为 26%，萨尔瓦多为 36%，洪都拉斯为 38%。最重要的是，与人均实际收入相似的国家相比，拉美国家也显著落后，具体而言，这些国家的金融包容性平均达到49%，也就是说，比拉美高出60%以上。在比较中值时，这种差距依然存在。拉美金融包容性的中值为27.7%，与拉美类似国家的中值为45.5%。2014年的数据有所改善，拉美金融包容的中值为40.8%。相比之下，与拉美类似国家的中值达到60.3%，高收入国家的中值为97%。从国家层面的数据来看，只有在3个拉美国家(巴西、智利和哥斯达黎加)，超过一半的成年人拥有银行账户，而在一些国家(如洪都拉斯、秘鲁和尼加拉瓜)，只有不到1/3的成年人有银行账户。

在这种差距下，普惠金融已成为该地区政府日益重要的目标。在经历了一系列危机和改革之后，拉美地区的金融体系得到了巩固，各国通过扩大银行网络、改进支付系统，为家庭和中小企业提供储蓄和信贷等多样化服务。这一进展在一定程度上反映了各国政府和央行为改善金融环境所做出的努力，这些努力还包括促进金融流动自由化、降低金融部门的脆弱性、提高监管和监督的有效性，以及改善市场基础设施。促进金融包容性的具体政策包括引入低费用银行账户、利用银行部门引导政府转账、引入代理银行，以及支持移动和电子银行业务。这些举措已初见成效，但与其他新兴市场相比，拉美各国的普惠金融仍有相当大的发展空间。

二、普惠金融的要素

普惠金融要素主要包括以下六类：

(一)收入

高收入国家的金融包容程度往往更高。首先，因为这些国家通常拥有更好的金融和电信基础设施。更重要的是，高收入也会增加对金融产品和服务的需求，而且贷款难度往往也不会很高。家庭不使用金融服务的原因一般是由于收入较低，而不是由于供给方面的原因。

(二)教育

更好的教育和更完善的金融知识显然可以直接影响金融服务的使用，并通过其对未来收入的影响间接影响金融服务的使用。教育程度高的个人和家庭往往更了解金融产品和服务，也更可能使用它们。相反，教育程度低的个人和家庭，由于对金融产品缺乏了解，使用的可能性则较低。

(三)金融部门的结构

普惠金融的供给侧障碍可以是货币性的(如：费用、高贷款利率)，也可以是非货币性的(如：与银行网点的距离、开立账户或申请贷款的复杂程度)。金融部门的结构，尤其是银行部门的集中度，经常被用作衡量货币性障碍的指标。管理费用与资产的比率反映了银行部门的效率及其降低金融服务成本的能力。然而，效率高的银行也可能不太愿意迎合风险更高的客户，这也就意味着银行业效率与金融包容性之间存在着一定的矛盾。

(四)金融服务的可用性

每十万名成年人的自动柜员机数量在一定程度上反映了金融服务的可用性，也是上文提到的非货币性障碍的一个指标。自动柜员机越多，银行卡的持卡人就越容易获得现金。当然，自动柜员机和银行卡之间的互补性也意味着两者存在此消彼长的关系，即银行卡(或者手机支付)用得越多的地方，自动柜员机可能会越少。

(五)互联网和无线网

随着金融科技、数字账户和手机账户的发展，互联网和无线网的接入会深入影响人们获取和使用金融服务的能力。这一点在下文的金融科技中会具体谈到。

(六)法治

金融机构的质量和执行合同的能力通常被认为是金融发展的重要决定

因素。强有力的机构和合同执行规则有助于提高公众信任度，并且可以鼓励储户将其储蓄委托给银行，从而使得银行有更多资金向有需要的人提供贷款。

三、发展普惠金融的障碍

发展普惠金融服务的障碍是多方面的，包括影响服务的需求和供应等因素。大量研究表明，国家层面的特征以及个人层面的特征在判断金融包容性中发挥着重要作用。除了国家因素外，年龄、性别、教育水平、收入、就业和地理位置等个人特征也是个人在金融体系中是否拥有和使用账户(以及使用何种账户)的重要决定因素。

在拉美，影响普惠金融的障碍分为四类。第一类涉及限制金融服务供应和需求的社会经济制约因素。第二类涉及宏观经济环境的脆弱性，使得大部分人口难以使用正规金融机构提供的服务。第三类侧重于体制弱点，重点是国家治理能力的不足。第四类总结了妨碍金融机构提供服务的各种因素。这些因素的产生归因于监管框架，也归因于具体金融系统的特定特征(如竞争环境、商业模式等)。

(一)社会经济因素

低水平的社会发展指标往往与较低的金融服务需求和供应有关。金融排斥通常反映了更广泛的社会排斥，涉及教育水平、就业状况以及社会地位等因素。总的来说，更容易获得社会服务和具有更高生活质量的国家往往也拥有更强大的“金融文化”。而大多数拉美国家在平均线以下，这表明，在其他条件相同的情况下，考虑到拉美国家的发展程度，其金融包容性还有很大的提升空间。收入分配是另一个可能影响金融包容性的社会经济因素。不平等和贫富分化会阻碍普惠金融的发展。在收入、财富和权力分配极不平等的经济体中，强大的利益集团很可能会阻止或操纵改革，以获取利益。Behrman 和 Birdsall(2009)以 37 个发展中国家和发达国家为样本，分析了结构性的不平等(以教育不平等性衡量)与金融包容程度之间的关系。他们得出的结论是：在高度不平等的环境中，强大的利益集团更有可能保护自身利益而不是促进竞争或更加包容的金融政策。

(二)宏观经济

宏观经济稳定也会对金融包容性产生重大影响。导致金融危机的深层次宏观经济不稳定极大地减少了向中小企业以及非富裕个人提供的信贷和其他金融服务，因为银行往往会试图通过削减信贷来恢复其监管资本比率，尤其是对被视为风险较高的信贷主体的信贷。同时，向低收入个人和公司提供的支付服务也有所减少，因为这类客户的服务成本高于富裕客户的服务成本。在需求方面，宏观经济的稳定与否决定了人们是否愿意将资金委托给正规的金融部门。在许多新兴市场，尤其是在拉美，在出现严重的宏观问题之后，储户的财富价值遭受了巨大损失，很多银行实施了对储户伤害最大的政策，如冻结存款、利率控制或以很低的汇率将外币(通常是美元)存款强制转换为本币存款等。此外，储户在高通胀和波动期间遭受的损失往往会给储户带来阴影，并且可能会持续很长一段时间，使得他们不愿意再次信任金融机构。

(三)金融机构的质量

金融机构的质量长期以来一直被认为是影响获得和使用金融产品和服务的一个重要因素。与之前的研究一样，一个国家的机构质量由世界银行的一系列指标代表，特别是法治指标、合同执行质量，以及犯罪和暴力的可能性等。当法制健全、执法有力时，债权人和债务人之间的合同就会得到充分遵守，储户才会更有动力和信心将储蓄委托给银行和其他金融机构，同时，银行也会更加愿意向规模较小且风险较高的借款人提供信贷。

(四)金融机构的效率

金融部门的效率低下是讨论最多的障碍之一。金融机构和市场低下的效率可能导致穷人获得金融产品和服务的成本增加。例如，根据全球

Findex 数据库的结果，Demirguc Kunt 等(2015)认为，在拉美地区，很多人没有账户最可能的原因之一是开户费和维护费太贵。维持账户或申请信贷的高成本与银行系统的运营方式直接相关。然而，原因是多方面的，它们可能反映了银行效率低下、缺乏竞争，以及提供小规模服务时产生的较高的财务成本等问题。银行运营效率的低下，会限制低收入人群获得金融产品和服务，并使其服务成本居高不下。

四、小额信贷

尽管自 1974 年以来，小额信贷就已出现，但它依然是一个相对年轻的行业。小额信贷的定义随着时间的推移而演变，在不同的国家和背景下不尽相同。然而，一般而言，小额信贷指的是向低收入客户(包括自由职业者)提供金融服务。根据美洲开发银行(IADB)的定义，小额金融是“向贫困和低收入家庭及小微企业提供广泛的金融服务，如存款、贷款、支付服务、资金转账和保险”。

过去的十多年中，贫困和低收入家庭以及小微企业对小额信贷的兴趣激增，也引起了银行、政府、金融监管机构、非政府组织、多边机构和各类基金会的兴趣。在某种程度上，很多人认为小额信贷是解决发展中国家贫困问题的利器。联合国大会将 2005 年定为国际小额信贷年。2006 年孟加拉的穆罕默德·尤努斯(Muhammad Yunus)因为创办了小额贷款银行，极大改善了该国的民生，而获得了诺贝尔和平奖。从此，小额信贷业得到了全世界的认可。

小额信贷的作用有多大？目前，世界银行等其他机构已经清楚地看到，小额金融从其简单而重要的目标(向无银行存款的人提供金融服务)，在世界范围内已经发展成为一项非常大的业务。该行业拥有超过 10000 家机构，年营业额超过 120 亿美元。这只是开始，随着越来越多的国家面临日益加剧的贫困和不平等的现实，小额信贷的需求正在逐年增长。事实上，在非洲、亚洲和拉美的 22 亿成年人中，有近一半无法通过银行进行储蓄或贷款。在这一背景下，小额信贷在全球范围内对解决贫困产生了越来越重大的影响。

在拉美，总体而言，小额信贷的业务量持续增长，部分原因是供应的增长。小额信贷在拉美的总业务量超过440亿美元，客户超过1850万。在提供小额信贷服务时，银行机构和非银行机构都发挥着重要作用。例如，银行提供的贷款占贷款总量的80%，但只惠及50%的客户。约15%的客户往往分流到了非银行机构和合作社，另外的35%的客户则由不受监管的机构服务。

拉美的小额信贷业务尽管各国之间差异很大，但总体来说在各国的分布较均匀。市场竞争较高的国家包括玻利维亚、厄瓜多尔和秘鲁。这与它们相对成熟的小额信贷市场和相关的监管密切相关。而市场竞争相对较低的国家通常没有明确承认小额信贷是一种和其他金融产品有着同等地位的一种金融服务。这些国家包括墨西哥、巴拿马、乌拉圭和智利等。

拉美的小额信贷平均利率约为27%，此利率在较长一段时间内相对保持稳定。在市场适度或高度集中的国家，利率仍然偏高，这表明市场竞争力较低，且相应的小额信贷产品的供应较差。更成熟的市场往往利率更低。例如，在具有长期小额信贷传统的国家(如玻利维亚、秘鲁、厄瓜多尔和哥伦比亚)，利率一般低于25%；而在市场相对年轻的国家(如阿根廷)，小额信贷的利率则可能高达60%。

五、金融科技

由于新技术的出现，金融系统正面临重大变化。这些新技术促进了在线金融服务的发展(支付、信贷、转账)、金融中介活动的数字化(后台、审计)，以及专门开发某些金融服务或客户细分市场(在线金融平台、电信公司、电子货币等)的新产品和参与者的涌现。金融科技的快速扩张被广泛认为有可能改善金融包容性。金融科技的运用可以降低偏远地区和城市贫民等边缘化群体获得金融服务的成本，并缓解服务提供者和消费者之间的信息不对称。例如，在亚太地区(Loukoianova & Yang，2018)和非洲，移动货币和移动银行已经成为普惠金融的强大推动者。Cantú 和 Ulloa(2020)

以拉美地区为出发点，认为金融科技具有显著提高金融市场效率的功能，但由于相关的技术起步较晚、使用率还较低，其推动普惠金融的作用还有很大的提升空间。

巴西是最早意识到金融科技对普惠金融所起的作用的拉美国家。早在2011年，巴西就采取了相关的普惠金融战略，其他拉美国家也很快跟上了这一步伐：洪都拉斯(2015年)、哥伦比亚和墨西哥(2016年)、多米尼加共和国(2018年)、阿根廷(2020年)等。智利的情况有些特殊，该国虽然在2011年设立了一个普惠金融机构，但直到2016年才正式启动相关战略。在立法层面上，巴西在2013年就通过了一项关于电子货币发行人的法律。墨西哥于2018年通过了一项金融科技法，以监管金融科技机构(如众筹和电子货币机构)。总的来说，拉美各国正在逐步监管金融科技公司的各种活动(如数字存款、数字支付、众筹、信贷等)，以促进金融科技公司的发展，同时维护金融秩序的稳定。

旨在改善金融包容性的具体举措包括放宽开户或交易的条件或放宽特定类别人群(如：墨西哥的未成年人)开设银行账户(包括数字账户)的要求。在哥伦比亚，2014年的一项法律使得部分弱势群体开户不受一些银行KYC(know your customer)，主要是指搜集客户个人情况和资金来源等信息)要求的约束，例如，可以免去对客户经济活动和收入的核实。在智利，其国家银行于2006年就推出了一种零门槛的借记卡，该卡只需要有效的身份证就可以开立，而且开户过程也进行了简化。2014年，巴西推出了免费的“支付账户”，该账户不需要银行的实体分行服务，虽然不能用于获得贷款，但可以提供借记卡，用于转账或接收转账。拉美的其他各国也已经在实施或正在讨论旨在促进金融机构之间信息共享的开放银行立法，以降低交易成本、提高金融包容性。

金融科技的发展也推动了拉美各国信贷业务的发展。例如，多米尼加共和国和哥伦比亚已将信贷交易的担保进一步做了松动，以扩大可接受抵押品的范围，增加弱势群体获得信贷的机会。2018年，巴西通过立法，允许企业出具电子票据，这些票据可以作为企业获得贷款的抵押品。巴西在

2020年还推出了相应的农村信贷产品，使得债务在违约情况下可以轻松转让给债权人，此产品将有助于更多的农民获得信贷。哥伦比亚也在近年针对之前无法获得正式融资家庭的消费贷款的门槛提高到最低工资的四倍，并鼓励以电子方式进行交易。

然而，拉美各国在金融科技和普惠金融方面仍然存在不少障碍。例如，市场规模小，规模经济效应很难达到，这可能会削弱创新和金融技术对普惠金融的推动作用(如智利和多米尼加共和国)。同时，金融知识水平普遍偏低、数字技能有限、移动和互联网覆盖不足也是明显的障碍。不过，各国已意识到这些方面的不足，并试图通过发展金融教育项目(如哥伦比亚、多米尼加共和国、洪都拉斯和墨西哥)和投资改善移动和互联网接入来解决上述问题。此外，受制于僵化的监管制度和冗长的监管流程，金融科技公司获得资本融资时往往会有困难。同时，限制性的法律和监管框架对金融部门的创新和竞争都构成了不同程度的障碍。所以，拉美各国在发展金融科技的进程中还有很长的路要走。

六、中国的普惠金融

中国的普惠金融与包括拉美在内的西方国家相比起步较晚，然而发展迅速，对稳定实体经济和就业形势起到了越来越大的作用。具体来说，中国的普惠金融发展经历了以下几个阶段。

(一)20世纪90年代

中国最初的小额信贷以扶贫为主要目的，带有一定的公益性质。其运营主体主要是民间社会组织和部分政府系统中非正规金融系统的组织机构。这可以说是普惠金融在中国的雏形，对普惠金融在中国的进一步发展奠定了基础。

(二)2000年至2005年

2000年，中国人民银行开始要求正规金融机构开展小额信贷业务，发展性微型金融与公益性小额信贷并行发展，小额信贷的目的不再只是扶贫，而是开始兼顾提高人民生活质量，促进城乡人口就业。其运营主体已成为了正规金融机构。这一阶段的微型金融规模普遍较小，但已开始逐步扩大。

（三）2005 年至 2011 年

中国开始放宽农村地区银行业金融机构准入门槛，村镇银行和农村资金互助社得到快速发展。在此阶段，普惠金融不再停留在提供公益性小额信贷或微型金融的阶段，而是全面进入商业化运作阶段，普惠金融服务呈现出网络化、移动化趋势，进入包括存款、信贷、汇款、支付、保险等综合性金融服务。

（四）2011 年至 2020 年

2013 年十八届三中全会正式提出发展普惠金融，鼓励金融创新，丰富金融市场层次和产品。国有银行设立普惠金融事业部，逐步将小微企业纳入其服务范围，在开发小额信贷的同时也努力降低中小微企业的融资成本。在此阶段，互联网科技也突飞猛进，各种普惠金融的创新形式和产品层出不穷，建立包括银行、基金、保险、证券、小额贷款在内的综合普惠金融体系，推进中国普惠金融向着科技型和信息化方向发展，共同助力脱贫攻坚战。

（五）2020 年至今

为巩固脱贫攻坚成果，各地开启了与乡村振兴有效衔接的普惠金融新战略。同时，为了推动网络经济和数字金融的规范健康，监管部门加强了相关的指导和监督，例如，2019 年开始对校园贷、现金贷、高利贷进行治理，2020 年开始对 P2P 网贷机构进行了彻底清退，2021 年开始纠正支付行业存在的不正当竞争行为，消除行业垄断，给予金融消费者更多知情权和选择权。

普惠金融在中国经过十多年的发展，聚焦全社会弱势群体，以可负担的成本为有金融需求的各阶层和弱势群体提供可得、有效的金融服务，同时大大缓解了中小微企业、农村经济组织融资难的问题，形成了值得其他发展中国家借鉴的宝贵经验。根据中国人民银行的数据，2022 年一季度末，中国普惠金融领域贷款余额为 28.48 万亿元，同比增长 21.4%；一季度增加 1.98 万亿元，同比多增 178 亿元。其中，普惠小微贷款余额为 20.77 万亿元，同比增长 24.6%，其中信用贷款占比 18.9%，比上年末高 0.8 个百分点。农户生产经营贷款余额为 7.25 万亿元，同比增长 14.1%；创业担保贷款余额为 2513 亿元，同比增长 11%。3 月份普惠小微企业贷款利率为 4.93%，比年初低 17 个基点，有效缓解了借款机构和个人融资贵问题，深受广大中小微企业和个体工商户的欢迎。

第四节 储蓄与养老金

一、储蓄

拉美和加勒比地区的国民储蓄率相比世界其他地区要低很多。例如，相比中国等亚洲新兴经济体，该地区的储蓄率要低 10%~15%的 GDP。了解为什么会发生这种情况，尤其是拉美居民一般是以何种方式储蓄，对于该地区的经济增长和人民福祉至关重要。

自 20 世纪 60 年代以来，该地区的人口结构发生了有利的转变，但储蓄率并没有像预期的那样增长。而现在人口红利正在逐渐结束，人口老龄化，创造更多储蓄将更加困难和紧迫。目前，拉美地区储蓄净值的大部分来自高收入家庭。然而，从储蓄率来看，却是贫困家庭更高，相对贫困的家庭每月都会留出相当一部分收入用于储蓄，以满足家庭对现金或突发情况的需求，但这些储蓄很少进入金融系统，无法支持个人福祉和国家发展的长期投资。

对于拉美地区储蓄相对不足这一事实很多人觉得其实无关紧要，认为储蓄对经济增长的影响很低，因为各国最终还是会依靠外部投资来满足该地区经济增长的需求。这种观点忽视了一个关键因素，即如果拉美人自己都不在本国储蓄或投资，就很难在有利条件下吸引外部资本。此外，在当前的宏观环境下，当发达国家的利率在上升，资本不再充裕时，转向外部融资来缓解拉美低储蓄的可能性比过去更不确定，风险也更大。

拉美和加勒比地区的储蓄不仅比其他地区低，而且与该地区的经济发展和改善民生的需求相比，这一比例也很低。低水平的储蓄在一定程度上也带来了低水平的生产率增长，因为如果没有一定量的储蓄作为保障，很难会有大量的资本投资于能够提高长期增长水平的项目。因此，这种非生产性储蓄分配使拉美地区很难达到发达国家的收入和福利水平。

所以，拉美和加勒比地区面临的最大挑战之一是以可持续的方式提高储蓄水平，并改善储蓄对更具生产力活动的分配，从而提高整体生产力和经济发展水平。所有这些挑战都是密切相关的。如果不能创造资源为投资提供资金，就不可能进行更多投资，但如果不创造生产性的投资机会，就不可能提高储蓄水平。

提高储蓄不一定要通过一些财政政策来干预，也不一定需要通过提供税收激励等做法来实现。各国政府真正要做的是重新思考公共政策，特别是在社会保障方面的政策，提高第二章提到的公共支出的效率，在公共支出结构中给予投资更大的权重。同时，还需要消除影响金融系统、劳动力市场、财政和监管系统有效运作的各种不利因素。

另外，拉美和加勒比地区的储蓄不仅量少，而且这种低储蓄量没有有效地被引导到经济发展中。部分原因是由于拉美金融市场欠发达，所以缺乏吸引长期储蓄的金融工具，例如，缺乏将公共和私人储蓄用于基础设施的投资工具。拉美和加勒比地区在基础设施方面存在着巨大的投资缺口，如运输、电信网络、能源生产等部门。这种差距限制了经济的长期增长，因为如果投资计划执行得当，基础设施投资的回报率会非常高，这将大大鼓励私人投资经济。然而，今天很难将国民储蓄用于基础设施，因为没有适当的金融工具可以这样做。为了改善这一局面，有必要调整基础设施投资的监管框架，以消除该区域目前存在的瓶颈。

尽管近几十年来取得了进步，但拉美和加勒比地区的金融系统仍然规模小、成本高、效率低。许多家庭没有将这些金融系统作为储蓄的首选工具，企业要想以合理的利率和条件获得融资往往困难重重。所以有必要进一步通过正规金融系统促进储蓄，在民众中发展储蓄文化。这一方面有助于降低金融系统的运营成本，提高储蓄者的回报率；另一方面，也有助于缓解导致家庭和企业远离银行的各种问题。其中一个问题是缺乏信任，因为前几次经济危机带来的银行挤兑等噩梦已经使很多民众倾家荡产，对金融系统失去了信心。然而，今天的金融体系总体上已更加稳固，部分原因是从过去的危机中吸取了教训。如今缺乏信任更多的是因为对银行如何运作以及利用正规金融系统的优势、机会和潜在风险缺乏了解。金融教育尤其是培养储蓄文化的教育，对拉美居民特别是年轻一代很重要。

为了培养年轻一代的储蓄习惯，近年来，拉美和加勒比的小额信贷机构通常会鼓励其客户(特别是女性和小企业家客户)养成储蓄的习惯。一些机构推出了帮助儿童储蓄的产品，将目光放在了这些女性客户的孩子上。例如，在秘鲁，小额信贷机构 FINCA 实施了一项由非政府组织在农村地区为中小学生制定的项目，并为其客户的孩子提供储蓄计划。另一个例子是秘鲁城郊和农村地区发展和救济局的乡村银行项目。经过几年的试点，该机构推出了一款产品，旨在通过直接帮助儿童储蓄来教授他们储蓄习惯。该产品提供给客户 0 岁至 18 岁的子女。参与的子女选择自定的储蓄目标，在该机构提供的储蓄箱上贴上目标标签，并开始每月定期存款。孩子们在达到设定的目标之前不能提取储蓄金。与此同时，他们会赚取利息，因为孩子们存的储蓄金可以正常用于向银行客户发放贷款。这些储蓄箱帮助孩子们实现他们的目标，避免他们提前提取资金的诱惑。机构还为孩子的母亲和祖母提供了一系列培训，以强调她们在帮助孩子养成储蓄习惯发挥的关键作用。尽管该计划的效果尚未得到评估，但是已经有越来越多的孩子们加入了进来，总的储蓄量也在迅速增加。

二、养老金制度

拉美地区目前约有4500万老年人(约占总人口的8%)，他们主要生活在城市地区。大多数拉美地区的老年人与其他家庭成员生活在一起，劳动参与程度较高。这表明家庭和劳动力市场在保障老年人生活质量方面发挥着重要作用。同样发挥着重要作用的是养老金制度。养老金制度的目标是保证居民在退休后仍拥有足够的收入来维持其生活所需，同时提供医疗保险等福利。因此，养老金制度作为老年人的经济保障机制发挥着重要作用。拉美地区的养老金制度形式多样，有的是根据工资额度和工龄直接给付，有的由政府根据最低收入标准等指标来给付，与工龄等无关，有的则是两者的结合。同时，养老金制度也可以提供特定的福利，如医疗保险等，由公共或私营部门管理。一般来说，公共部门和企事业单位的员工是强制缴纳养老金的，而其他职业的员工则是自愿的，具体取决于国家。

拉美地区目前面临着老龄化加速和养老金覆盖率低的局面。养老金制度在拉美各国最大的区别主要体现在覆盖率上。一些国家的养老金覆盖率很高，并提供了充足的养老金，贫困水平较低，老年劳动力参与率较低，例如，阿根廷、巴西、智利和乌拉圭。而另一些国家的养老金覆盖率很低而且养老金额度也较低，例如，洪都拉斯、危地马拉、尼加拉瓜和秘鲁等国，这些国家的贫困水平较高，老年人劳动参与率较高。

一般来说，养老金制度的有效性主要是通过对个人工作和生活期间提供的保险范围进行分析来衡量的。拉美地区的养老金制度主要有以下一些特点：(1)在一些国家，养老金覆盖率仍然很低，对老年公民覆盖率有的还不到30%，如洪都拉斯、危地马拉和多米尼加共和国，只有智利、巴西、乌拉圭、阿根廷和玻利维亚等少数国家的覆盖率较高；(2)除了前面几个覆盖率较高的国家，男性的覆盖率普遍高于女性，这主要是因为男性的工龄往往较长；(3)除了巴西、智利、厄瓜多尔和墨西哥等国，大多数养老金受益人居住在城市地区；(4)在收入分配中，收入最低的人群的覆盖率明显偏低；(5)教育水平越高的地区，覆盖范围越大。尽管近年来整个拉美地区的养老金覆盖率都有明显扩大，但总体覆盖率仍然偏低，这对拉美地区进一步提高公民保障和社会福利提出了挑战。

在大多数情况下，养老金改革的主要目标是减少老年贫困率和增加养老金覆盖面。这些向老年人提供的养老金计划和补助是更广泛社会援助计划的一部分。此外，这些养老金计划通常与社会保障体系内的其他相关服务或援助相结合，如阿根廷的医疗保险，哥伦比亚、萨尔瓦多或墨西哥等国的社会援助服务等。

每个国家的养老金制度都根据特定的条件来确定受益人的资格。所采用的基本标准是人口统计标准，因为各国规定的可享受福利的最低年龄并不相同。在一些国家，设定的资格年龄较高，如阿根廷、洪都拉斯和巴拿马，资格年龄为70岁。在其他一些国家，甚至存在性别差异，如阿根廷和巴西的部分农村养老金。一些国家根据不同地区划定不同的资格年龄，以便给予较脆弱的地区一些政策倾斜，如哥伦比亚、萨尔瓦多、墨西哥和巴拉圭的一些农村养老金。在其他国家，受益人可以自行选择，例如，巴西的有条件现金转移计划和阿根廷的家庭主妇养老金(尽管受益人必须申请才能被纳入该计划)。

玻利维亚是目前拉美地区唯一进行全民养老金的国家，覆盖率接近100%。而其他国家都会对受益人进行养老金资格审查，以确保受益人没有任何其他养老金保障。审查并不总是针对受益者本人，在大多数情况下也会对受益人的家庭条件进行评估。此外，在某些情况下，需要成为该国公民或在该国居住满一定年限才有资格申请养老金。

在金额方面，拉美各国养老金金额主要与该国生活水平有关，各国之间差异较大，大致可以分为三个组别：(1)额度低于每日2.5美元(购买力平价)：洪都拉斯、哥伦比亚、墨西哥、玻利维亚、尼加拉瓜、危地马拉、秘鲁和厄瓜多尔等国；(2)额度在每日2.5至4美元之间(购买力平价)：巴拉圭和巴拿马等国；(3)额度高于每日4美元(购买力平价)：萨尔瓦多、哥斯达黎加、智利、委内瑞拉、乌拉圭、阿根廷和巴西。给付额度最高的国家多数也是那些覆盖面最广的国家，如阿根廷、巴西、智利和乌拉圭。

拉美各国为应对老年人的贫困问题，特别是在养老金方面采取的不同路线反映了他们在文化、历史、政治和制度方面的差异。在一个国家有效的做法不一定可以照搬到其他国家。这些政策的有效性取决于它们是否根植于每个国家的具体实际情况。

养老金改革是处理老年贫困和脆弱性问题的重要一步，改革将为拉美消除极端贫困发挥重要作用。扩大养老金覆盖率、提高养老金给付额度、控制相关的财政成本，以及保持政策的可持续性，这些都是拉美各国在养老金改革中力争实现的目标。在过去的20年中，拉美地区实施了新一轮养老金制度改革，旨在扩大覆盖面，创建或扩大国家养老保障计划。这一改革的力度较大，在很多国家都是史无前例。大多数项目是从本世纪最初的几年开始创建的。一开始，改革的规模较小，目标也比较单一。此后，项目在一些国家逐步扩大，到21世纪第一个10年后，绝大部分老年人口得到了覆盖。

之所以要进行改革，主要与以下因素有关：(1)养老金缴纳制度覆盖率低，在非正规性劳动(如临时合同或自由职业)占比较高的背景下，需要有更高的覆盖率；(2)拉美人口老龄化的速度甚至快于发达国家，最终能够维持老年人收入的适龄劳动人口将减少；(3)由于拉美地区生产的初级产品的贸易条件大幅改善，财政资源的可用性增加；(4)需要关注之前无法享受社会福利的弱势群体；(5)国际组织和学术界对改善发展中国家养老金制度的推动作用。

第五节 政策建议

根据全球发展中心(Center for Global Development，CGD)的分析，一个同时满足金融稳定、金融诚信和金融包容目标的监管框架需要建立在三大支柱之上：按职能进行监管、加强风险管理，以及适度的事前和事后监管。

第一个支柱：按职能监管。由于金融科技的进步以及金融服务和产品的不断多元化，监管机构越来越难以将固定的金融机构与固定的金融服务联系起来。因此，通过职能而非机构进行监管将更加有效。通过职能进行监管也为其他金融服务提供商提供了更为公平的竞争环境，而公平的竞争有利于提升金融包容性，促进普惠金融的发展。

第二个支柱：对风险的管控是金融稳定的核心。巴塞尔委员会关于银行资本和流动性要求的建议就是基于这一原则。风险管理对提升金融包容性也至关重要。例如，各国的监管机构往往意识不到的一点是：只要监管到位，低收入客户的小额金融信贷对金融系统可能产生的风险其实非常低。但受制于如上文提到的 KYC 等监管要求，银行往往不乐意向低收入和弱势群体提供金融服务。

第三个支柱：事前和事后监管意味着将传统的银行监管(事前)与事后的跟进做一定的权衡，以照顾到低收入等未获得足够金融服务的人群。为了支持更好地提升金融包容性，构建普惠金融，监管机构往往会面临着这一权衡，即过度的事前监管可能会阻碍创新和金融科技的运用，从而阻碍金融服务的发展需求，但如果事前监管不足则可能会导致银行风险的上升。

虽然各国的具体国情决定了各国银行监管的具体特征，但上述简单原则可以为央行和其他参与金融体系建设的监管机构提供参考，以指导包容性金融体系的构建并确保金融系统的稳定。

第一，从宏观角度上来看，拉美地区现在既面临挑战，也面临机遇。在新冠疫情的背景下，首先，需要各类举措来加速就业复苏，包括：(1)帮助失业工人提高未来就业能力的一系列措施(例如，对失业工人进行免费培训、提高劳动中介效率)；(2)尝试降低劳动力成本(如工资和所得税)，刺激创造新的就业机会，同时提高就业能力；(3)鼓励企业采用数字化系统，支持定向补贴等政策。

第二，非正式工作正在不断复苏，但这类工作一般只会提供低薪甚至不安全的工作，虽然看似提高了就业率，但这种提高质量不高，并不会使得更多人能使用到正规的金融服务，也不会真正提高社会的金融包容度。

解决非正式工作问题需要多个方面共同的努力，例如，改革社会保障制度，使更多人获得福利，考虑对企业适当降低相关税收，让企业更有动机雇佣正式员工。

第三，性别不平等在拉美有些国家不断加剧，需要相关的政策来改善。妇女应有机会获得更多的教育和各类工种所需的技能。此外，由于照顾家庭的负担往往更多的是落在妇女身上，如果妇女的收入和社保得不到保障，家庭的不稳定性就可能增加，也更有可能无法获得正规的金融服务和保障。

第四，疫情加速了数字化和电子化的趋势，这可能会对劳动力市场产生深远影响。已经有证据表明，在经济复苏过程中，最容易受到电子化影响的职业失业率最高。虽然这些趋势带来了挑战，但也创造了机遇。政策制定者需要了解这些趋势对劳动力市场的影响。相关的法规可能需要进行调整，以便各国充分利用好这些机会。数字化既可能创造就业机会也可能摧毁就业机会，如何趋利避害是当下各个国家都在积极讨论的话题。其关键在于如何制定政策，最大限度地创造新的就业机会。对于已经失业的人员，各国的普惠金融政策应该发挥作用，确保他们能继续使用基本的金融服务。

所以，加快就业增长、减少非正式性工作、消除性别不平等，以及正确面对数字化进程，可以作为拉美各国的工作重心来改善该地区的就业形势和提高就业质量。由于失业和低工资与贫困和不平等密切相关，所以减少贫困和不平等是当务之急，因为只有贫困人口减少了，才能从根本上提升各国的金融包容性，最大程度地实现普惠金融。

第五章　中国与西语国家的合作

第一节　双边和多边关系

在过去的几年中，中国和拉美地区在外交方面取得了不少进展，有多个拉美国家与中国建交或复交，例如：巴拿马(2017年6月建交)、多米尼加(2018年5月建交)、萨尔瓦多(2018年8月建交)、尼加拉瓜(2021年12月复交)、洪都拉斯(2023年3月建交)。同时，包括这几个国家在内的大多数拉美国家都与中国签署了《共建"一带一路"谅解备忘录》，开启了中拉在金融、基础设施、贸易、文化等方面更为广阔的合作空间。

与此同时，由中国倡议设立的多边金融机构——亚洲基础设施投资银行(简称亚投行，AIIB)也在近几年广泛吸收拉美成员。例如，阿根廷和智利于2021加入亚投行，秘鲁于2022年1月加入。阿根廷、智利、秘鲁、厄瓜多尔、乌拉圭、玻利维亚、委内瑞拉等国现在既是亚投行正式成员国又是"一带一路"成员国。此外，尼加拉瓜与邻国哥斯达黎加、萨尔瓦多和巴拿马等多个加勒比国家也都成为了"一带一路"成员国。

总的来说，亚投行成员集中在与中国有着密切贸易和投资关系的国家，特别是在南美洲。"一带一路"成员国集中在外交关系密切的国家，特别是中美洲和加勒比地区。越来越多的拉美国家既加入了"一带一路"倡议，又加入了亚投行，这使得拉美和中国之间的经济、贸易、文化等方面的联系通过官方多边渠道得到了进一步加深。

中国的两个政策性银行(国家开发银行和中国进出口银行)构成了中国对拉美和加勒比地区的绝大多数官方融资，对拉美的基础设施建设和经济发展做出了贡献。同时，中国积极参与了二十国集团(G20)针对低收入国家的暂停偿债倡议(DSSI)，受益国家包括部分拉美和加勒比国家。根据世界银行的数据，世界最贫穷国家欠G20国家的官方债务总额为1780亿美元，其中近三分之二是欠中国的。到2020年底，中国根据DSSI向包括拉美国家在内的欠发达国家减免的债务已达到21亿美元。例如，在2020年，厄瓜多尔和中国就暂停8.91亿美元的债务支付达成一致。

此外，随着双边合作的加深，重大项目和重大投资也纷至沓来。例如，2022年，阿根廷和中国签署了一项230多亿美元融资的谅解备忘录，主要用于基础设施项目，为该国的铁路、水电和核电设施以及其他重大项目提供了资金。同时，另外约100亿美元将用于能源、卫生、交通和住房等重大民生项目。

第二节 贸易和投资

一、拉美与中国的贸易

拉美与中国的贸易近年来一直保持着增长的态势。根据国际货币基金组织的估计，受新冠肺炎疫情影响，拉美和加勒比地区2020年的国内生产总值下降了7%以上，失去了十年的增长值，地区商品出口总体下降。尽管如此，拉美与中国的贸易却保持稳定，商品贸易量不降反升。拉美对中国的商品出口额从1352亿美元小幅上升至1356亿美元，中国对拉美的商品出口量从1613亿美元小幅下降至1600亿美元。但是，随着拉美和加勒比地区GDP的明显下降，进口和出口在GDP中所占的份额都大幅上升。

贸易额上升主要是因为中国对拉美地区的商品(特别是牛肉和大豆等)的需求不断增长，这对拉美向中国出口起到了很大的推动作用。另一个原因是中美贸易摩擦。从2017年起，由于中美贸易紧张，中美贸易量减少，之后的几年虽然有反弹，但很有限，所以这也是中国和拉美地区贸易量增大的原因之一。

2020 年，随着中国根据 2019 年新协议开始进口玻利维亚牛肉，中国从拉美地区购买的农产品进一步增长。2019 年首次出口 600 多吨，到了第二年出口量就超过了 1 万吨。玻利维亚在牛肉出口量上虽然与乌拉圭(20 万吨)、阿根廷(50 万吨)或巴西(85 万吨)等牛肉生产大国相差很远，但玻利维亚已成为这一供应链的重要新成员。另一个日益重要的行业是壳类海鲜。自 2015 年以来，中国对拉美地区壳类海鲜的进口量激增了十倍。对增长贡献最大的是厄瓜多尔的虾类出口，在过去五年里，该国的虾类出口从 100 吨飙升至 30 多万吨。虾是厄瓜多尔仅次于石油的第二大出口商品，中国目前是最重要的进口国，进口量约占该国虾类总出口量的 2/3。除食品外，拉美对中国的出口也因金属尤其是钢铁价格反弹而受到提振。2020 年，世界铁矿石价格名义价格上涨了 10%以上，使拉美钢铁出口国受惠。

总体而言，拉美向中国出口的商品继续由少数几种主导着。从 2015 年以来，拉美地区向中国出口商品的近 70%仅由 5 种商品组成，即大豆、原油、铜矿石、铁矿石，以及精炼铜。这些商品中的每一种都在地理上高度集中，只有少数几个国家提供了大部分出口。例如，中国从拉美进口的大豆绝大部分来自巴西和阿根廷。中国从拉美进口的铜绝大部分来自世界第一产铜大国智利。总体而言，拉美和中国在这些主要商品中的贸易流量约有 90%来自 4 个国家，即巴西、智利、秘鲁和委内瑞拉。

由于原材料类商品的持续重要性，近几年来，中国在拉美地区的矿产类商品出口量占到了约 30%，在农业类商品中占到了约 20%，而在制成品中仅占比约 2%。

2021 年，中国与世界的贸易顺差达到历史最高水平，与拉美的顺差也破了纪录，达到了拉美地区 GDP 的 1. 2%，这主要是因为中国的出口和拉美的消费开始从受疫情影响的 2020 年反弹，而拉美的生产和出口继续滞后。尽管拉美对中国的主要出口价格在 2021 年出现反弹，某些商品的价格甚至达到了疫情前的峰值，但不足以缓解贸易逆差。例如，铜矿石的价格上升，部分原因是由于疫情导致拉美地区的生产相对停滞，而中国更快的经济复苏使得中国原材料产品的需求增加。同样值得注意的是，中国近几年在拉美农产品出口中所占份额相对持平。在过去五年中，随着中美两国农产品贸易额的下降，然后又上升，中国对拉美地区农产品的购买量急剧上升，但在美国恢复进口后，对拉美的下降幅度并没有那么大。

预计未来几年，中国与拉丁美洲之间的经济贸易往来有望继续增长，部分原因是大宗商品贸易和电力部门并购在这几年已打下坚实的基础。此外，可再生能源新商品的贸易和投资、创新融资机制以及更深入的多边合作在过去的几年中蓬勃发展，也为不断发展的经贸往来和更具战略意义的中拉关系奠定了基础。

二、可再生能源

长期以来，中拉经济贸易关系一直围绕原材料展开。中国在拉美地区的贸易和投资的新趋势表明，尽管原材料等核心商品部门仍然很重要，但新的部门也愈发重要。在过去十年中，与可再生能源发展相关的大宗商品在拉美和中国的贸易关系中迅速增长。例如，具有多种可再生能源应用的铝在该地区主要产自加勒比的铝土矿矿床，预计到2050年铝将成为能源转型需求增长最快的商品之一。锂是太阳能和风能等间歇性发电所需的储能技术的关键组成部分，其最大的矿床横跨阿根廷、玻利维亚和智利“锂三角国家”的交界处。同时，厄瓜多尔是世界上最大的轻木出口国，这是制造风力涡轮机叶片所必需的。随着世界向可再生能源和碳中和经济的转变，拉美和加勒比海各国将成为绿色能源供应链的重要组成部分。

随着贸易的繁荣，这些新的商品部门也为金融和投资打开了更多的可能性。中国的海外经济活动将国家金融、商业贷款和投资相结合，以开发关键材料的市场和供应链。这种做法的一个例子是阿根廷的考哈里太阳能公园，由中国进出口银行贷款资助，阿根廷与中国电建签订合同，提供工程、施工和安装服务。同时，中国对拉美的锂、轻木、铝和其他金属的战略性投资表明，可再生能源商品有新的信贷空间。

三、外国直接投资

外国直接投资项目可以通过以下两种途径之一进行：代表新项目的绿地投资和代表购买现有资产的并购(M & A)。绿地投资或绿地项目是跨国公司在国外设置的部分或全部资产所有权归跨国公司所有的企业。由于新企业的建立缓慢，资金流动本身往往需要数年时间才能实现。相比之下，并购则是通过购买现有资产实现的。

中国的并购在拉美地区的速度一直超过绿地投资。2021 年，随着中国公司继续购买资产，以及不少西方公司离开拉美地区，新的绿地项目越来越少。在 2021 年，中国在拉美地区的并购数量几乎是绿地项目的十倍，相关的并购交易金额约为 60 亿美元，绿地项目仅为 6.5 亿美元。2021 年，中国在拉美地区的并购继续保持了最近的趋势，即专注于电力行业，尤其是在巴西、智利和秘鲁。中国和拉美地区早些年的投资对象侧重于开采业，特别是矿石和石油开采，但自 2015 年以来，这一重点已明显转向与电力相关的基础设施。与青睐电力行业的中国投资者不同，其他国家的投资者最感兴趣的是石油和天然气。美国、阿联酋和卢森堡等国最近几年收购了多家拉美石油和天然气公司的股份。

在绿地投资方面，2021 年，受新冠肺炎疫情等因素的影响，拉美地区的绿地投资几乎停滞，中国在拉美的绿地投资也不例外。拉美地区宣布的绿地投资总额降至 350 亿美元(低于 2020 年的 746 亿美元和 2019 年的 1090 亿美元)。中国绿地投资的降幅更大，仅为 6.46 亿美元(低于 2020 年的 36 亿美元和 2019 年的 135 亿美元)。

第三节 小 结

在 2020 年和 2021 年拉美地区新冠肺炎疫情最严重的时候，中国已经超越了其作为贸易伙伴的典型角色，向拉美国家提供了大量与新冠肺炎疫情相关的援助，在各个支援拉美的国家中，中国的反应是最及时的，捐赠物资的数量也是最大的。截至2021年2月，拉丁美洲报告了近2000万新冠肺炎总病例，约60万人死于该疾病。尽管该地区人口不到世界人口的10%，但却占世界总病例的20%。巴拿马的人均病例数最高，每1000人约有76例，其次是巴西、阿根廷和哥伦比亚，人均病例率约为每1000人43例。自疫情爆发以来，中国向拉美地区捐赠了超过2亿美元的物资，从各类防护用品到诸如呼吸机、救护车和制氧机等的医疗设备。除中国政府外，中国的国有企业、私营企业、商会和中国侨民社区在疫情期间也向拉美国家捐赠了物资和资金。例如，外科口罩、N95口罩、防护服和红外测温仪，以及各类医用辅助诊断系统和高新技术。中国与拉美人民和政府之间的深厚情谊得到了考验。

在疫情背景下，中拉合作的必要性前所未有地迫切，中国和拉美国家可以开发和共享疫苗，加强预防未来疫情和灾难的能力，重振拉美地区遭受重创的经济，开辟更具有可持续性和包容性的发展道路。为此，拉美各国政府应该加强合作，减少纷争，与包括中国在内的负责任的合作伙伴扩大合作。

展望未来，中国将在该地区的复苏中扮演什么样的角色？对于拉美大部分地区来说，中国仍然是主要的贸易伙伴和债权国。近年来，中国在拉美和加勒比地区的投资也远高于美国。然而，中国和拉美的贸易关系到目前为止主要集中在自然资源和农产品方面的出口以及技术的进口。所以，未来需要开发并提高对现代基础设施、交通系统、数字化、可再生能源等新领域的合作，开辟更可持续和更具包容性的发展道路。贸易多样化，科学地开采和使用拉美地区各种宝贵的资源，保护该地区巨大的生物多样性，以及在所有重大投资中实施高环境和社会标准，是拉美国家在发展与合作道路上的共同目标。

与此同时，双方也要加在强教育与科研方面的合作。正如第一章中所述，目前拉美各国科研实力依然较弱，且人才流失严重。所有这些都需要更多的国际合作，包括增加高等教育阶段的学习和深造机会，加强与包括同中国在内各国的学术科研交流与合作，以提高拉美国家本土的教育与科研水平。近年来，中国为拉美大学的学生和学者提供了大量的奖学金，越来越多的拉美留学生、访问学者来到了中国，这是一个好的开端。然而与欧美和亚太国家相比，拉美和中国之间的学术交流依然非常有限。在科研方面，阿根廷和智利与中国在核能、空间科学和卫星等领域的科学合作取得了重要进展。但总体上合作的领域和形式仍较为单一，未来可以积极开发其他领域特别是高新领域的潜在合作，如互联网基础设施、电子商务、远程医疗和各种形式的在线教育等。

参考文献

[1] 2022 年中国 ESG 发展白皮书[EB/OL].(2022-11-19)[2022-11-30]. https://promote.caixin.com/upload/esg30whitepaper2022.pdf.

[2] 安德烈斯·贝洛公约(Convenio Andrés Bello)[EB/OL].[2022-09-25]. https://convenioandresbello.org/cab/.

[3] 国际货币基金组织数据库[DB/OL].[2022-05-10]. https://www.imf.org/en/Data.

[4] 国家统计局[DB/OL].[2022-10-31]. http://www.stats.gov.cn/tjsj/.

[5] 国务院扶贫办[DB/OL].[2022-12-02]. https:// www.cpad.gov.cn.

[6] 拉美和加勒比经济委员会(CEPAL/ECLAC)[DB/OL].[2022-03-21]. https://www.cepal.org/.

[7] 联合国教科文组织数据库[DB/OL].[2022-02-15]. https://www.unesco.org/en/ideas-data/data-center.

[8] 联合国开发计划署出版物及数据库[DB/OL].[2022-03-21]. https://www.undp.org/publications.

[9]《联合国气候变化框架公约》第 26 次缔约方会议(COP26)[EB/OL].(2021-11-13)[2021-12-22]. https://www.un.org/zh/climatechange/cop26.

[10] 联合国千年发展目标(UN MDG)[EB/OL].(2010-09-22)[2022-02-26]. https://www.un.org/millenniumgoals/.

[11] 美洲开发银行数据库(IADB)[DB/OL].[2022-05-22]. https://data.iadb.org/DataCatalog/Dataset.

[12] 南方共同市场[EB/OL].[2022-07-12]. https://www.mercosur.int/en/about-mercosur/mercosur-countries/.

[13] 全球发展中心(CGD)[EB/OL].[2022-06-02]. https://www.cgdev.org.

[14] 世纪自然保护联盟(IUCN)[EB/OL].[2022-09-13]. https://www.iucn.org/.

[15] 世界银行数据库[DB/OL].[2022-11-27]. https://databank.worldbank.org/home.aspx.

[16] 伊比利亚美洲科技和发展计划(CYTED)[EB/OL].[2022-07-03]. https://www.cyted.org/en.

[17] 中国人民银行调查统计司[DB/OL].[2022-12-16]. http://www.pbc.gov.cn/diaochatongjisi/.

[18] 中国外交部[EB/OL].[2022-10-03]. https://www.mfa.gov.cn/.

[19] 中国一带一路网[EB/OL].[2022-12-13]. https://www.yidaiyilu.gov.cn/.

[20] 中国政府官方数据[DB/OL].[2022-11-01]. http://www.gov.cn/shuju/index.htm.

[21] Behrman, J., Birdsall N., & Petterson G. (2009). Schooling Inequality, Crises and Financial Liberalization in Latin America. CGD Working Paper No. 165. Washington, DC: Center for Global Development.

[22] Cantú, C., & Ulloa B. (2020). The Dawn of Fintech in Latin America: Landscape, Prospects and Challenges. BIS Papers, 112.

[23] Demirguc-Kunt, Asli, Leora Klapper, Dorothe Singer, & Peter Van Oudheusden (2015). The Global Findex Database 2014. Policy Research Working Paper 7255, The World Bank.

[24] Fowowe, B., & Shuaibu, M. I. (2014). Is Foreign Direct Investment Good for the Poor? New Evidence from African Countries. Economic Change and Restructuring, 47(4), 321-339.

[25] Jalilian, H., & Weiss, J. (2012). Foreign Direct Investment and Poverty in the ASEAN Region. ASEAN Economic Bulletin, 19(3), 231-253.

[26] Loukoianova, E., & Yang Y. (2018). Financial Inclusion in Asia-Pacific. IMF Departmental Paper, 18/17.

[27] Martínez Pería, M. S. (2014). Financial Inclusion in Latin America and

the Caribbean. In T. Didier, & S. Schmuckler(Eds.), Emerging Issues in Financial Development: Lessons from Latin America. Washington: World Bank.

[28] OECD Development [DB/OL]. [2022-11-20]. https://www.oecd.org/development/.

[29] OECD Green Growth [DB/OL]. [2022-11-12]. https://www.oecd.org/greengrowth/.

[30] Sarisoy, I., & Koc, S. (2012). The Effect of Foreign Direct Investment on Poverty: Panel Regression Analysis for 40 Selected Underdeveloped and Developing Countries. Çukurova Üniversitesi Sosyal Bilimler Enstitüsü Dergisi, 21(3), 225-240.